TEORÍA DE LA INDIVIDUACIÓN

UNA GUÍA DE PSICOLOGÍA JUNGUIANA

TABLA DE CONTENIDO

INTRODUCCIÓN A LA PSICOLOGÍA JUNGUIANA

Panorama de la psicología junguiana

La psicología junguiana, desarrollada por Carl Gustav Jung, ofrece un marco integral para comprender la psique humana y su dinámica. En esencia, la psicología junguiana explora las profundidades del inconsciente, profundizando en las dimensiones de los arquetipos, el inconsciente colectivo y el proceso de individuación. Este paradigma psicológico reconoce la importancia de la espiritualidad, la mitología y el simbolismo en la configuración del mundo interior del individuo, reconociendo la interacción entre las influencias culturales, sociales y personales.

En la psicología junguiana es fundamental el concepto de la psique como un sistema complejo que comprende elementos conscientes e inconscientes. Propone que la experiencia humana se extiende más allá de la mera racionalidad, abarcando capas más profundas de la mente con un profundo significado simbólico y mitológico. Desde esta perspectiva holística, la psique se concibe como un entramado dinámico de fuerzas, motivaciones y patrones que moldean los pensamientos, comportamientos y emociones de un individuo.

Uno de los principios fundamentales de la psicología junguiana es la noción de arquetipos, que son símbolos y motivos universales que permean las experiencias humanas a lo largo de diferentes culturas y épocas históricas. Estas imágenes arquetípicas, como el héroe, la sombra, el Ánima/Ánimus y el anciano sabio, están profundamente arraigadas en el inconsciente colectivo y ejercen una poderosa influencia en la conciencia humana. Al reconocer y conectar con estos arquetipos, las personas pueden comprender mejor su propia configuración psíquica, lo que facilita una comprensión más profunda de sí mismas y de los demás.

La psicología junguiana introduce el concepto del inconsciente colectivo, postulando la existencia de un reservorio compartido de material psicológico heredado que trasciende las experiencias individuales. Este inconsciente colectivo abarca temas, motivos y símbolos universales que sustentan los mitos, leyendas y narrativas culturales de la humanidad. Al explorar las profundidades del inconsciente colectivo, las personas pueden confrontar energías primarias, memorias ancestrales y verdades atemporales que resuenan en diversas culturas y civilizaciones.

El marco también hace especial hincapié en el proceso de individuación, que implica la realización del verdadero yo y la integración de los distintos aspectos de la psique en un todo armonioso. La individuación implica un viaje de autodescubrimiento, autoaceptación y autotrascendencia, que permite a las personas alcanzar una existencia más auténtica y plena. Al emprender el camino de la individuación, las personas se esfuerzan por cultivar una relación equilibrada entre las dimensiones consciente e inconsciente de su ser, lo que conduce a una mayor plenitud y bienestar psicológico.

Conceptos centrales y fundamentos teóricos

La psicología junguiana se fundamenta en varios conceptos centrales y fundamentos teóricos que configuran su comprensión de la psique humana. En el núcleo del marco de Jung se encuentra la noción del inconsciente colectivo, un reservorio de material psíquico compartido heredado de la experiencia ancestral. Este concepto marca una diferencia con las perspectivas psicológicas tradicionales y sirve como pilar fundamental en las teorías de Jung. Además, la idea de los arquetipos, símbolos y motivos universales presentes en el inconsciente colectivo, constituye otra piedra angular de la psicología junguiana. Estos arquetipos, como la sombra, el Ánima/Ánimus y el Yo, proporcionan un marco para comprender e interpretar las capas profundas de la psique humana. Asimismo, la teoría de la individuación, el proceso que dura toda la vida para integrar las diversas partes del Yo para alcanzar la plenitud, es un concepto fundamental en la psicología junguiana. Comprender las conexiones entre los dominios consciente e inconsciente es esencial para apreciar el enfoque holístico propugnado por Jung. Además, la importancia de los sueños, los mitos y los símbolos como expresiones del inconsciente no puede pasarse por alto en este contexto. Estos elementos desempeñan un papel fundamental en la psicología junguiana, ofreciendo perspectivas sobre el funcionamiento de la psique humana y facilitando el proceso de individuación. El énfasis en la función trascendente y el potencial transformador de los conflictos psicológicos profundiza el marco conceptual de Jung.

El papel de la psique en la experiencia humana

La comprensión de la psique constituye la base sobre la que se construye la individuación. La psique abarca la totalidad de la mente humana, incluyendo tanto los elementos conscientes como los inconscientes. En términos junguianos, la psique no se limita a la experiencia individual, sino que también abarca el inconsciente colectivo, compartido por todos los individuos de una cultura o sociedad. Comprender el papel de la psique en la experiencia humana implica profundizar en las complejidades de la cognición, la emoción y la conducta humanas.

En el centro de la psicología junguiana se encuentra la creencia de que la psique desempeña un papel fundamental en la configuración de la experiencia humana, influyendo en los pensamientos, sentimientos y acciones. Según Jung, la psique no es solo una acumulación de experiencias personales, sino que también está influenciada por elementos heredados o arquetípicos. Estos arquetipos son símbolos y temas universales que conforman el inconsciente colectivo y pueden manifestarse en diversas formas, como mitos, sueños y símbolos culturales. Por lo tanto, el papel de la psique se extiende más allá de las experiencias individuales, abarcando una red más amplia e interconectada de conciencia y experiencia humanas.

El papel de la psique en la experiencia humana es dinámico y transformador. La psicología junguiana enfatiza la interacción continua entre los aspectos conscientes e inconscientes de la psique, que configuran la percepción que el individuo tiene de sí mismo, de los demás y del mundo. A través de su compleja interacción, la psique impulsa los procesos de autodescubrimiento, crecimiento personal e individuación. Comprender esta relación entre la psique y la experiencia humana proporciona una profunda comprensión de la naturaleza de la conciencia, la formación de la identidad y la trayectoria evolutiva de los individuos.

Las representaciones y manifestaciones simbólicas de la psique en la experiencia humana ofrecen valiosas perspectivas sobre las motivaciones, los conflictos y las potencialidades subyacentes de los individuos. Al explorar las profundidades de la psique, las personas pueden comprender mejor sus propios patrones de comportamiento, respuestas emocionales y dinámicas interpersonales. Esta exploración abre caminos para la autorreflexión y la introspección, fomentando una mayor conciencia de la interconexión entre las dimensiones personal y colectiva de la experiencia humana.

Arquetipos - Los bloques de construcción del inconsciente

Los arquetipos, según los propuso Carl Jung, constituyen los componentes fundamentales del inconsciente colectivo y desempeñan un papel fundamental en la configuración del comportamiento, las emociones y los patrones de pensamiento humanos. Estos símbolos y motivos universales están profundamente arraigados en la psique de los individuos, trascendiendo las fronteras culturales e históricas. El concepto de arquetipos de Jung surgió de su extenso estudio de las mitologías, el folclore y los sueños, donde identificó imágenes y temas recurrentes que parecían manifestarse en diversas sociedades y épocas humanas.

En el centro de la teoría de los arquetipos se encuentra la idea de que estas imágenes primordiales son heredadas y compartidas por toda la humanidad, sirviendo como modelos cognitivos que influyen en nuestras percepciones y respuestas al mundo. Por ejemplo, el arquetipo del «héroe» encarna nociones de valentía, resiliencia y el camino hacia el autodescubrimiento, y resuena en las personas independientemente de su origen social o experiencias personales. De igual manera, el arquetipo de la «madre» abarca cualidades de crianza y cuidado, simbolizando los ideales de compasión y amor incondicional.

Los arquetipos no solo se manifiestan en la psique individual, sino que también permean expresiones culturales como el arte, la literatura y el simbolismo religioso. Desde esta perspectiva, analizar los arquetipos resulta crucial para comprender las capas más profundas de la expresión y la creatividad humanas, arrojando luz sobre las profundas conexiones entre la mente consciente y el inconsciente colectivo. Al reconocer los motivos arquetípicos presentes en las creaciones artísticas, se puede desentrañar el lenguaje simbólico que comunica verdades universales y experiencias humanas.

En el campo de la psicología, el concepto de arquetipos reviste una gran importancia, ofreciendo un marco para comprender los patrones recurrentes observados en el comportamiento y las relaciones humanas. Al reconocer la dinámica arquetípica que opera en la psique de un individuo, los terapeutas pueden obtener información valiosa sobre los procesos de pensamiento, las motivaciones y las dificultades emocionales de sus pacientes, lo que permite realizar intervenciones terapéuticas más holísticas y eficaces.

Es importante destacar que, si bien los arquetipos proporcionan una comprensión fundamental del inconsciente colectivo, sus manifestaciones pueden variar considerablemente entre individuos debido a experiencias personales e influencias ambientales. Esta interacción sutil entre arquetipos universales y expresiones individualizadas ofrece un rico panorama para la exploración psicológica.

La importancia del inconsciente colectivo

El concepto de inconsciente colectivo representa un pilar fundamental de la psicología junguiana y tiene una enorme importancia en la configuración de la experiencia humana. A diferencia del inconsciente personal, que comprende los pensamientos y recuerdos reprimidos únicos de cada individuo, el inconsciente colectivo se adentra en un reservorio compartido de experiencias universales y símbolos arquetípicos comunes a toda la humanidad. Jung propuso que este aspecto colectivo del inconsciente es hereditario y constituye el contexto de nuestras experiencias y comportamientos individuales.

En el núcleo del inconsciente colectivo se encuentran los arquetipos: imágenes y patrones primordiales que sirven como símbolos universales a lo largo de culturas y épocas. Estos arquetipos, como la madre, el héroe, la sombra y el Ánima/Ánimus, encarnan experiencias y emociones humanas fundamentales. Actúan como instintos psíquicos, influyendo en nuestras percepciones, pensamientos y comportamientos sin nuestra consciencia. Al reconocer estos motivos arquetípicos, las personas comprenden mejor sus motivaciones más profundas y su funcionamiento psicológico.

El inconsciente colectivo también subraya la interconexión de las experiencias humanas y enfatiza la universalidad de ciertos temas y símbolos. Sugiere que, más allá de las diferencias culturales y temporales, existen aspectos fundamentales de la psique humana que unen a los individuos mediante un lenguaje simbólico compartido. Esta noción tiene profundas implicaciones para campos como la literatura, la mitología, la religión y el arte, ya que señala los temas y motivos recurrentes que resuenan en la expresión humana, trascendiendo las fronteras del tiempo y el espacio.

El inconsciente colectivo ofrece un marco para comprender los mitos y cuentos populares presentes en diversas culturas. Jung creía que estas narrativas reflejan los temas y arquetipos universales presentes en el inconsciente colectivo, sirviendo así como valiosas fuentes de comprensión de la condición humana. A través de la exploración de mitos y sueños, las personas pueden conectar con la sabiduría colectiva codificada en estas expresiones simbólicas, lo que conduce a una mayor autoconciencia y crecimiento personal.

En la práctica clínica, el reconocimiento del inconsciente colectivo y sus manifestaciones arquetípicas permite a los terapeutas comprender las raíces profundas de los conflictos y aspiraciones de sus pacientes. Al integrar el inconsciente colectivo en los enfoques terapéuticos, los psicólogos pueden ayudar a las personas a avanzar hacia la autorrealización y la individuación. El reconocimiento de estos símbolos y motivos arquetípicos compartidos proporciona una sensación de conexión y validación, fomentando una comprensión más profunda del propio panorama psicológico y facilitando la integración del material inconsciente.

Individuación

La individuación, tal como la conceptualizó Carl Jung, representa una profunda evolución psicológica que trasciende el mero desarrollo personal. En esencia, la individuación encapsula el proceso de integrar y armonizar los distintos elementos de la psique para alcanzar la plenitud y la autorrealización. Este viaje transformador abarca el desarrollo del potencial único de cada individuo y la realización de su auténtica identidad. Basada en la creencia de que cada persona lleva en su interior recursos inherentes para el crecimiento y la plenitud, la individuación sirve como marco guía para atravesar las complejidades de la existencia humana. A través de esta perspectiva, se invita a las personas a embarcarse en una profunda introspección, fusionando la sabiduría de la introspección con las perspectivas de la experiencia externa. El viaje de la individuación no es un camino lineal ni un destino al que llegar; más bien, encarna un proceso continuo y cíclico de autodescubrimiento e integración. A medida que uno profundiza en los laberínticos recovecos del inconsciente, confrontando aspectos latentes del Yo e interactuando con energías arquetípicas, experimenta necesariamente un complejo despliegue de su mundo interior. Esta alquimia interior genera una mayor conciencia y comprensión, permitiendo a las personas confrontar y reconciliar fuerzas opuestas dentro de sí mismas. Fundamentalmente, el concepto de individuación se distingue de las perspectivas freudianas tradicionales al enfatizar la trascendencia de los conflictos y traumas personales para liberar las reservas de creatividad y resiliencia que residen en la psique. Mientras que el enfoque de Freud se centraba predominantemente en la resolución de neurosis y deseos reprimidos, la individuación de Jung propone una perspectiva más amplia y holística que abarca dimensiones espirituales, culturales y existenciales. Al abrazar la interacción dinámica entre los procesos conscientes e inconscientes, la individuación invita a las personas a entablar un diálogo profundo con su yo más íntimo, arrojando luz sobre aspectos de la psique que han permanecido ocultos durante mucho tiempo. A través de este proceso transformador, las personas se empoderan para abrazar su autenticidad única y contribuir significativamente al tapiz colectivo de la humanidad.

Individuación versus Perspectivas freudianas tradicionales

Para comprender el concepto de individuación, es fundamental compararlo con las perspectivas freudianas tradicionales. Sigmund Freud, conocido como el padre del psicoanálisis, propuso una teoría del desarrollo de la personalidad que influyó profundamente en el campo de la psicología. Su enfoque en el papel del inconsciente y las experiencias de la primera infancia en la formación de la psique individual sentó las bases de sus teorías sobre el desarrollo psicosexual, los mecanismos de defensa y la estructura de la mente, en particular el ello, el Yo y el superyó.

Una de las principales distinciones entre el concepto de individuación de Jung y las perspectivas freudianas tradicionales reside en su enfoque del inconsciente. Mientras Freud enfatizaba la influencia de los deseos reprimidos y los conflictos no resueltos en el comportamiento humano, Jung amplió esta perspectiva para incorporar el inconsciente colectivo y los arquetipos. De este modo, amplió el alcance del inconsciente para incluir símbolos e imágenes universales compartidos entre culturas y generaciones, ofreciendo una comprensión más profunda de la experiencia humana.

El énfasis de Freud en la resolución de los impulsos sexuales y agresivos como motor del desarrollo de la personalidad contrasta con la visión más amplia de Jung de la individuación como un camino hacia la autorrealización y la plenitud. Mientras que la psicología freudiana se centraba a menudo en abordar los trastornos psicológicos y resolver los conflictos internos, la psicología junguiana aspiraba a lograr una integración más profunda de los diversos componentes de la psique.

Otra diferencia significativa reside en la representación del Yo. Para Freud, el Yo desempeña un papel central en la mediación entre las exigencias del ello, el superyó y la realidad externa, mientras que Jung amplió el concepto del Yo para abarcar la búsqueda del crecimiento personal, el significado y el propósito. Este enfoque holístico de la psicología junguiana desplaza el enfoque de la resolución de conflictos a la realización del propio potencial y la realización del Yo.

A pesar de estas diferencias, es importante destacar que tanto la perspectiva freudiana como la junguiana han contribuido al campo de la psicología. Si bien la obra de Freud continúa influyendo en los enfoques terapéuticos y en nuestra comprensión de la psique humana, la elaboración de Jung sobre la individuación proporciona un marco integral para el desarrollo personal y el crecimiento espiritual.

Dimensiones cognitivas y emocionales de la individuación

El proceso de individuación implica una exploración profunda del inconsciente, profundizando en las corrientes cognitivas y emocionales subyacentes que configuran la psique individual. A medida que las personas emprenden su camino hacia la plenitud y la autorrealización, se enfrentan a una multitud de desafíos cognitivos, como la confrontación de pensamientos reprimidos y el reconocimiento de emociones reprimidas. Este examen introspectivo de la psique requiere una síntesis de las esferas cognitiva y emocional, buscando integrar los elementos dispares y a menudo contradictorios del Yo. La dimensión cognitiva de la individuación implica desentrañar la compleja red de pensamientos, creencias y percepciones que configuran la comprensión del mundo y de uno mismo. Requiere una evaluación crítica de los constructos de la mente consciente y una exploración de los patrones cognitivos, condicionamientos y sesgos subyacentes. Además, este aspecto cognitivo de la individuación implica un análisis intelectual de los símbolos arquetípicos y su importancia en la construcción de significado personal, lo que fomenta una comprensión más profunda del propio panorama psicológico. Junto con la dimensión cognitiva, la faceta emocional de la individuación desempeña un papel fundamental en el proceso transformador. Desenterrar emociones profundas, traumas y conflictos no resueltos exige una profunda resiliencia emocional y valentía introspectiva. Las personas deben recorrer el laberinto de sus experiencias emocionales, abrazando tanto los aspectos luminosos como los sombríos de su psique. Aceptar la vulnerabilidad emocional y la autenticidad se vuelve fundamental a medida que las personas atraviesan el tumultuoso terreno de la individuación. Además, la integración de las dimensiones cognitiva y emocional se facilita mediante diversas modalidades terapéuticas y prácticas autorreflexivas como el análisis de los sueños, la imaginación activa y la expresión creativa. Estas vías sirven como conductos para reconciliar las perspectivas cognitivas con las realidades emocionales, nutriendo aún más el proceso de individuación.

LA GÉNESIS DE LA INDIVIDUACIÓN

Las primeras teorías psicológicas y su influencia en Jung

Influenciado por las primeras teorías psicológicas, la divergencia de Jung con respecto a las escuelas de pensamiento predominantes, en particular su alejamiento del marco psicoanalítico de Sigmund Freud, sentó las bases para el desarrollo de sus propios conceptos distintivos. En el centro de estas influencias se encuentra un alejamiento fundamental de los aspectos reduccionistas y deterministas de las teorías psicológicas dominantes que prevalecían durante la era de Jung. Las primeras teorías psicológicas, como el conductismo y el estructuralismo, buscaban explicar el comportamiento y la cognición humanos a través de comportamientos observables o estructuras mentales. Mientras tanto, la influencia generalizada del positivismo y el materialismo en la exploración científica tuvo implicaciones de gran alcance para la comprensión de la mente humana. Claramente, la exposición de Jung a estos conceptos fundamentales desencadenó la indagación intelectual y la introspección, lo que desencadenó un alejamiento deliberado de los paradigmas deterministas que sustentaban las primeras teorías psicológicas. En lugar de enmarcar la experiencia humana dentro de límites rígidos, las exploraciones posteriores de Jung ahondaron en los símbolos, mitos y arquetipos que constituían la psique individual, allanando el camino para sus teorías pioneras sobre la individuación.

El alejamiento de Jung de Freud

A medida que las ideas de Jung comenzaban a formarse y evolucionar, surgió una escisión entre él y su antiguo mentor, Sigmund Freud. Esta separación ideológica marcó un momento crucial no solo en las trayectorias de estas dos influyentes figuras, sino también en el curso de la teoría psicológica en su conjunto. En el centro de esta divergencia se encontraban diferencias fundamentales en sus fundamentos filosóficos y marcos teóricos.

Si bien el énfasis de Freud en la primacía de los instintos sexuales y agresivos en la configuración del comportamiento humano estaba bien establecido, Jung cristalizó una perspectiva diferente centrada en el concepto más amplio del inconsciente colectivo y los arquetipos. Esta desviación significó un cambio de un enfoque limitado en los deseos reprimidos a una exploración más amplia de símbolos universales y motivos mitológicos que trascienden las experiencias individuales.

El contraste entre el énfasis de Freud en la importancia del complejo de Edipo y el desarrollo del concepto de individuación por parte de Jung ejemplificó la división filosófica. El trabajo revolucionario de Freud sobre las estructuras de la psique fue fundamental, pero el enfoque divergente de Jung planteó una comprensión más holística e inclusiva de la psique humana que trascendía los impulsos puramente sexuales y agresivos.

Además de sus discrepancias teóricas, su relación personal también influyó significativamente en su separación. A medida que su amistad evolucionó hacia una colaboración profesional, surgieron tensiones debido a diferencias de temperamento y ambiciones profesionales divergentes. Esta discordia personal culminó con la renuncia de Jung a su puesto en la comunidad psicoanalítica, lo que marcó una ruptura definitiva con el círculo freudiano.

La evolución de los procesos de pensamiento de Jung

El temprano contacto de Jung con la psiquiatría y la neurología, en particular durante su estancia en el hospital psiquiátrico de Burghölzli, sirvió como caldo de cultivo para el surgimiento de sus ideas revolucionarias. Influenciado por los campos emergentes del psicoanálisis y la antropología, Jung se embarcó en una búsqueda académica marcada por la curiosidad intelectual y el rigor empírico.

Un hito fundamental en la evolución del pensamiento de Jung fue su exploración del inconsciente colectivo y los arquetipos, que germinó a través de una intensiva introspección y estudios transculturales. Este esfuerzo transformador sentó las bases para su conceptualización de la individuación y las manifestaciones simbólicas de la psique. Además, las experiencias de Jung con importantes tradiciones culturales y mitologías orientaron la trayectoria de su marco cognitivo, enriqueciendo su comprensión de la condición humana y profundizando su apreciación de la universalidad de los fenómenos psicológicos.

Al profundizar en las complejidades de la alquimia, la religión y el misticismo, Jung se esforzó por sintetizar diversas corrientes filosóficas, dando lugar a un entramado de ideas que trascendió las fronteras temporales y disciplinarias. Su voraz apetito por el conocimiento lo impulsó a adentrarse en realidades esotéricas, buscando perspectivas en las tradiciones de sabiduría de diversas civilizaciones. La fusión de estas influencias multifacéticas catalizó un cambio paradigmático en la arquitectura cognitiva de Jung, que condujo a la formulación de teorías seminales que siguen resonando en el ámbito de la psicología moderna.

Paralelamente a esta metamorfosis, la interacción de Jung con sus pacientes y su autoanálisis introspectivo facilitaron la cristalización de sus constructos teóricos. Dotado de una actitud empática y un compromiso inquebrantable con la comprensión de los matices de la psique humana, Jung aprovechó sus encuentros clínicos como profundas fuentes de inspiración y validación empírica. Mediante una rigurosa autorreflexión y la meticulosa documentación de sus propias experiencias psíquicas, Jung recorrió los laberínticos pasillos del inconsciente, dilucidando los aspectos enigmáticos de la conciencia humana y los caminos hacia la individuación.

Influencias culturales e intelectuales durante la era de Jung

Durante la época de Carl Jung, finales del siglo XIX y principios del XX fueron testigos de un período de importante agitación cultural e intelectual. Esta época, a menudo denominada fin de siècle o «cambio de siglo», se caracterizó por cambios sin precedentes en los valores sociales, la expresión artística y la investigación científica. Una de las influencias más profundas en el pensamiento de Jung fue el floreciente campo del psicoanálisis, impulsado por Sigmund Freud, cuyas ideas revolucionarias desafiaron las visiones convencionales sobre el comportamiento humano y la naturaleza de la mente. Además, los rápidos avances tecnológicos, la industrialización y la urbanización provocaron profundos cambios en la forma en que las personas vivían e interactuaban con su entorno. Este período transformador fomentó una atmósfera de curiosidad, escepticismo y ansia por comprender la experiencia humana. Asimismo, la prevalencia del espiritualismo, el ocultismo y la exploración de filosofías no occidentales contribuyeron a la creación de un rico entramado de sistemas de creencias y cosmovisiones alternativas, todo lo cual influyó en la receptividad de Jung a diversas influencias culturales. La yuxtaposición de ideales tradicionales y conservadores con los emergentes movimientos de vanguardia contribuyó a una tensión cultural que desafió las normas y percepciones establecidas. El impacto perdurable del movimiento romántico, con su énfasis en la individualidad, la imaginación y la expresión emocional, fomentó un ambiente propicio para la introspección y el autodescubrimiento. Movimientos artísticos como el simbolismo, el surrealismo y el expresionismo también permearon la conciencia colectiva, reflejando un profundo anhelo de trascendencia y catarsis, temas que resonarían profundamente con la exploración de Jung de la psique humana. Además, el surgimiento de la mitología comparada y el estudio de las religiones antiguas proporcionaron a Jung una riqueza de símbolos y narrativas arquetípicas que posteriormente se convertirían en parte integral de su teoría del inconsciente colectivo.

El papel del simbolismo en la configuración de las ideas de Jung

El simbolismo, en el contexto de la individuación, se refiere al uso de representaciones tangibles o abstractas que conllevan significados más profundos, a menudo inconscientes, y sirven como canales para la expresión de fuerzas arquetípicas. Jung postuló que los símbolos son vehículos cruciales a través de los cuales el inconsciente se comunica con la mente consciente, proporcionando una comprensión de la psique individual y facilitando el proceso de autodescubrimiento.

Jung observó que, a lo largo de la historia y en todas las culturas, los símbolos han desempeñado un papel fundamental en los contextos espirituales y psicológicos. Ya sea que se encuentren en ritos religiosos, folclore, sueños o mitos, los símbolos actúan como puertas de acceso al inconsciente colectivo, trascendiendo las experiencias individuales para conectar con temas humanos universales. La perdurabilidad de ciertos símbolos, como el mandala, la serpiente o el viaje del héroe, llevó a Jung a concluir que estos motivos arquetípicos tenían un profundo significado psicológico y estaban arraigados en la experiencia humana colectiva.

Jung enfatizó que la interpretación de los símbolos no debe abordarse con una comprensión fija y universal; más bien, abogó por un análisis personalizado e introspectivo que reconozca el contexto cultural y personal específico de cada individuo. La incorporación de símbolos en las prácticas terapéuticas, en particular en la psicología analítica, busca esclarecer las dinámicas inconscientes que operan en el individuo, permitiendo la exploración de material inconsciente que pueda estar obstruyendo el camino hacia la individuación.

Al examinar la relevancia de los símbolos, Jung profundizó en el poder transformador inherente a la interacción con imágenes simbólicas. Postuló que el proceso de interacción con símbolos —ya sea a través de la imaginación activa, el análisis de los sueños o la expresión artística— podría promover la integración de los distintos elementos de la psique, fomentar la autoconciencia y guiar a las personas hacia un estado de plenitud. Este potencial transformador subraya el profundo impacto que los símbolos pueden ejercer en el bienestar psicológico y el desarrollo individual.

La profundidad del simbolismo se manifiesta de forma más tangible en la propia obra de Jung, donde utilizó extensamente conceptos cargados de simbolismo, como el Ánima/Ánimus, la sombra y la persona, para dilucidar las complejidades de la psique humana y el proceso de individuación. Estas formulaciones proporcionaron a profesionales y académicos un rico marco para interpretar la interacción entre elementos conscientes e inconscientes, invitándolos a explorar las profundidades de la psique a través de la lente simbólica.

Textos fundacionales

Desde su innovador libro "Tipos Psicológicos" hasta sus exploraciones sobre los arquetipos en "Arquetipos y el Inconsciente Colectivo", los escritos de Jung constituyen la piedra angular sobre la que se erige la teoría de la individuación. A través de su análisis de mitos, símbolos y sueños, Jung dilucida la profunda conexión entre la psique individual y los patrones simbólicos universales arraigados en las culturas a lo largo de la historia. Además, "La Psicología de la Transferencia" proporciona una comprensión rigurosa de la relación transferencial entre terapeuta y paciente, arrojando luz sobre la dinámica del inconsciente. Más allá de su propia obra, la interacción de Jung con textos alquímicos y filosofías orientales enriquece su discurso, enfatizando la universalidad del proceso de individuación, que trasciende las fronteras culturales. Asimismo, un análisis crítico del Libro Rojo —el compendio personal de Jung de fantasías y reflexiones— proporciona una perspectiva de los aspectos profundamente introspectivos y visionarios de su proceso de individuación.

Las semillas de la individuación en las tradiciones filosóficas antiguas

Las tradiciones filosóficas de diversas culturas, como India, China, Grecia y Egipto, contienen interpretaciones implícitas del camino del individuo hacia la autorrealización y la integración. En la tradición filosófica india, en particular en las tradiciones del hinduismo y el budismo, la idea de la búsqueda individual del autodescubrimiento es central para el concepto de moksha o nirvana. De igual manera, en la filosofía china, la noción taoísta de alcanzar la armonía con el orden natural evoca el objetivo de integrar los elementos conflictivos dentro del Yo, un principio fundamental para la individuación. Los antiguos griegos también contemplaron la noción de individuación, con filósofos como Platón y Aristóteles explorando la naturaleza del Yo y su conexión con el cosmos. Sus indagaciones en la búsqueda de la virtud, la sabiduría y el conocimiento guardan una sorprendente similitud con los objetivos de la individuación concebidos por Jung. Además, las tradiciones místicas del antiguo Egipto profundizaron en los misterios del viaje y la transformación del alma, ofreciendo perspectivas sobre los motivos arquetípicos que aún resuenan en la psicología junguiana actual. Las bases para la individuación se sentaron hace milenios y resaltan la universalidad de la búsqueda de la humanidad por la autorrealización y la plenitud.

PRINCIPIOS Y POSTULADOS FUNDAMENTALES

Arquetipos - Símbolos universales y su significado

1. Perspectivas históricas:

La fascinación de la humanidad por los símbolos arquetípicos se remonta a la antigüedad, donde diversas culturas y civilizaciones atribuyeron importancia a motivos recurrentes y patrones universales. Los antiguos egipcios, por ejemplo, veneraban deidades y figuras míticas que encarnaban rasgos arquetípicos como la sabiduría, el poder y la transformación. De igual manera, el panteón griego, con sus dioses y diosas que representaban fuerzas arquetípicas como el amor, la guerra y la sabiduría, proporcionó un rico tapiz de expresiones simbólicas que influyeron en el arte, la literatura y la filosofía. Con el progreso de la civilización, la imaginería arquetípica continuó impregnando las narrativas culturales, desde las epopeyas heroicas de los mesopotámicos y el subcontinente indio hasta las tradiciones místicas del Lejano Oriente.

El concepto de arquetipos también encontró eco en el ámbito filosófico, donde pensadores como Platón y Aristóteles reflexionaron sobre la existencia de formas ideales y principios universales que subyacen a la realidad. Sus reflexiones sobre esencias atemporales e ideales trascendentes se hicieron eco de los temas arquetípicos que posteriormente identificarían psicólogos y eruditos de la era moderna. Además, la época medieval fue testigo de las interpretaciones alegóricas de textos religiosos, lo que reveló una comprensión inherente del simbolismo arquetípico en los relatos y parábolas sagradas.

A principios de la Edad Moderna, el floreciente campo de la psicología vio surgir teorías arquetípicas en las obras de pensadores como Carl Gustav Carus y Gustav Fechner, quienes exploraron el inconsciente colectivo y las capas profundas de la psique humana. Sin embargo, no fue hasta el trabajo pionero del psiquiatra suizo Carl Gustav Jung en el siglo XX que el concepto de arquetipos se articuló formalmente e integró en el discurso psicológico. El extenso estudio de Jung sobre la mitología, la religión y el simbolismo intercultural culminó en su elucidación de los patrones arquetípicos y su profundo impacto en el comportamiento humano, los sueños y la creatividad.

2. Marco conceptual:

El marco conceptual de los arquetipos dilucida el reservorio de símbolos y patrones universales del inconsciente colectivo que sustentan la experiencia humana. Es central en este marco la noción de que los arquetipos son predisposiciones innatas y heredadas que moldean las percepciones, emociones y comportamiento de un individuo, trascendiendo las fronteras culturales y temporales. En el núcleo de este marco reside la comprensión de que los arquetipos sirven como planos primordiales que informan y moldean la psique de un individuo, representando temas y motivos esenciales comunes a toda la humanidad.

Al profundizar en el marco conceptual de los arquetipos, se hace evidente que estos símbolos universales se manifiestan en diversas formas y manifestaciones, a menudo asumiendo personajes como el Héroe, la Madre, la Sombra y el Embaucador, entre otros. Estos constructos arquetípicos poseen un profundo significado, ya que encapsulan aspectos fundamentales de la condición humana, dilucidando dilemas existenciales, conflictos psicológicos y caminos transformadores. Además, el marco enfatiza que los arquetipos operan tanto a nivel personal como colectivo, permeando la psique individual y resonando a través de narrativas y mitos culturales, moldeando así las normas y creencias sociales.

Dentro de este marco conceptual, los arquetipos se entienden como fuerzas dinámicas y en constante evolución que influyen continuamente en el desarrollo humano y el autodescubrimiento. Infunden significado y simbolismo a la vida, impulsando la expresión creativa, los rituales religiosos y las representaciones artísticas a lo largo de la historia. Además, el marco reconoce que las personas pueden identificarse con ciertos patrones arquetípicos con mayor intensidad que con otros, lo que da lugar a diversas mitologías personales y construcciones narrativas. Este reconocimiento invita a explorar la interacción entre las experiencias individuales y el vasto tapiz del imaginario arquetípico colectivo.

Una faceta integral del marco conceptual es la comprensión de cómo los arquetipos configuran no solo la identidad personal, sino también las dinámicas interpersonales. Al reconocer las influencias arquetípicas en las relaciones, las estructuras familiares y las instituciones sociales, las personas comprenden mejor las fuerzas simbólicas subyacentes que rigen las interacciones humanas. Esta comprensión fomenta la empatía, la tolerancia y una apreciación más profunda de las complejidades inherentes a la experiencia humana, contribuyendo en última instancia a un tejido social más rico y con más matices.

En esencia, comprender el marco conceptual de los arquetipos implica comprender la profundidad y amplitud de la conciencia humana, reconocer la influencia omnipresente de los símbolos universales y el profundo impacto de los patrones arquetípicos en la psique individual y colectiva. Nos invita a embarcarnos en un viaje introspectivo que explora la profunda resonancia de los arquetipos en sus vidas, fomentando una comprensión más profunda de nosotros mismos y de la interconexión de la experiencia humana.

3. Principales construcciones arquetípicas:

Los principales constructos arquetípicos, a menudo descritos como «imágenes primordiales», abarcan un amplio espectro de patrones simbólicos que configuran la conciencia individual y colectiva. Entre estos constructos se encuentran la Persona, la Sombra, el Ánima/Ánimus, el Anciano Sabio, el Héroe, la Madre, el Niño y el Ser. Cada arquetipo encarna aspectos universales de la psique humana, arrojando luz sobre dimensiones profundas de la condición humana. El arquetipo de la Persona encapsula la máscara social que un individuo porta en el mundo exterior, sirviendo como escudo protector contra las exigencias sociales. Por otro lado, el arquetipo de la Sombra representa los aspectos reprimidos e inconscientes de la psique, que contienen elementos que la mente consciente considera inaceptables. El arquetipo del Ánima/Ánimus personifica las cualidades contrasexuales dentro de los individuos, revelando las energías femeninas y masculinas que residen en la psique. El arquetipo del Anciano Sabio significa sabiduría, conocimiento y guía, a menudo asociado con la mentoría y la visión espiritual. El arquetipo del Héroe encarna el viaje valiente y transformador del autodescubrimiento y la superación de la adversidad. El arquetipo de la Madre simboliza la crianza, la compasión y la fertilidad, representando los aspectos nutritivos y vivificantes de la existencia. De igual manera, el arquetipo del Niño encarna la inocencia, la espontaneidad y el potencial de crecimiento y creatividad, reflejando los aspectos primarios e incondicionados del Yo. Finalmente, el arquetipo del Ser representa el centro de la psique, personificando la plenitud, la integración y la realización de la verdadera identidad. Comprender e integrar estos constructos arquetípicos es fundamental para la individuación junguiana, ya que proporcionan una hoja de ruta para atravesar las complejidades de la psique humana y lograr la transformación psicológica. Al interactuar con estos arquetipos, las personas se embarcan en un profundo viaje de autoconciencia, facilitando en última instancia el proceso de individuación y evolución personal. Además, reconocer y trabajar con estos patrones arquetípicos permite a las personas acceder al inconsciente colectivo y conectarse con el reservorio simbólico compartido de la humanidad.

4. Simbolismo y patrones universales:

El simbolismo, manifestado a través de los arquetipos, trasciende las fronteras culturales y ofrece una visión del inconsciente colectivo que reside en cada individuo. Estos patrones universales no están limitados por el tiempo ni el espacio;

resuenan en diversas culturas y épocas, reflejando aspectos fundamentales de la experiencia humana. Desde los motivos primarios hallados en antiguas pinturas rupestres hasta las narrativas mitológicas recurrentes en diversas civilizaciones, la naturaleza universal del simbolismo revela su perdurable significado. A través de esta perspectiva, discernimos los motivos recurrentes de la creación, la transformación, la muerte, el renacimiento, el heroísmo y la eterna lucha entre fuerzas opuestas. Los símbolos arquetípicos encapsulan estos temas atemporales, reflejando las estructuras subyacentes que configuran la conciencia humana. Su omnipresente presencia en el arte, la literatura, la religión y los sueños da fe de su profunda influencia en el pensamiento y el comportamiento humanos. Además, el estudio del simbolismo y los patrones universales subraya la interconexión inherente entre culturas e individuos, fomentando una apreciación más profunda de la condición humana compartida. Nos invita a reconocer los vínculos que nos unen y a apreciar la diversidad de expresiones a través de las cuales se manifiestan estos símbolos arquetípicos. Aceptar el simbolismo y los patrones universales inherentes a los arquetipos enriquece nuestra comprensión del camino humano, inculcando un sentido de pertenencia que trasciende las divisiones culturales y sociales. En definitiva, el reconocimiento de estos patrones universales ofrece una oportunidad para el crecimiento personal y colectivo, sirviendo como puente entre el inconsciente individual y el colectivo.

5. Relevancia cultural y psicológica:

Los arquetipos, como símbolos universales, tienen profundas implicaciones tanto a nivel individual como colectivo. En contextos culturales, se manifiestan en mitos, folclore, narrativas religiosas y arte, influyendo en la ética y los valores de una sociedad. Estos patrones simbólicos proporcionan un rico entramado que enriquece las identidades culturales e informa la conciencia colectiva. Además, los arquetipos son elementos fundamentales en la configuración de la narrativa de una cultura, reflejando a menudo las aspiraciones, los miedos y las luchas colectivas de una comunidad.

Desde una perspectiva psicológica, el estudio de los arquetipos ofrece perspectivas sobre las motivaciones y comportamientos profundos de los individuos. Estos resuenan en diversas culturas, ilustrando experiencias y emociones humanas comunes. Comprender las dimensiones arquetípicas puede guiar a las personas hacia el autodescubrimiento y el crecimiento personal, fomentando un sentido de conexión con su herencia cultural mientras afrontan las complejidades de la vida moderna. Además, los arquetipos contribuyen a la construcción de la identidad personal y desempeñan un papel crucial en el proceso de individuación, conduciendo a una existencia más integrada y plena. Al explorar la importancia cultural y psicológica de los arquetipos, profundizamos en la interacción entre la mente humana, los marcos sociales y el inconsciente colectivo.

6. Arquetipos en el desarrollo personal:

Los arquetipos, como símbolos universales arraigados en el inconsciente colectivo, desempeñan un papel fundamental en el desarrollo personal. Comprender e integrar las energías arquetípicas puede conducir a un profundo crecimiento psicológico y a la autoconciencia. En el ámbito del desarrollo personal, las personas pueden identificarse con patrones arquetípicos específicos, lo que puede proporcionar valiosas perspectivas sobre su propia psique.

El proceso de individuación, tal como lo conceptualizó Carl Jung, gira en torno al reconocimiento y la asimilación de estas energías arquetípicas. Al interactuar con los arquetipos, las personas emprenden un viaje de autodescubrimiento, descubriendo gradualmente aspectos latentes de su personalidad y adquiriendo una comprensión más profunda de sus motivaciones y comportamientos.

Los arquetipos actúan como potentes catalizadores de la transformación interior, resaltando tanto los aspectos luminosos como los sombríos de la psique humana. Por ejemplo, reconocer la presencia del arquetipo del «héroe» en uno mismo puede inspirar valentía, resiliencia y la voluntad de superar obstáculos. Por otro lado, reconocer el arquetipo de la «sombra» puede ayudar a reconocer aspectos reprimidos o desatendidos de la personalidad, allanando el camino hacia la sanación y la integración.

La naturaleza simbólica de los arquetipos permite a las personas conectar con temas y narrativas atemporales que resuenan en distintas culturas y sociedades. Esto proporciona un sentido de pertenencia y continuidad, ayudando a las personas a gestionar las transiciones y los desafíos de la vida. Al abrazar el simbolismo arquetípico, las personas pueden enriquecer su mundo interior, accediendo a una fuente de creatividad, inspiración y profundidad emocional.

Los arquetipos en el desarrollo personal abarcan no solo el paisaje interno del individuo, sino también sus interacciones con el mundo externo. Reconocer las dinámicas arquetípicas en las relaciones y las estructuras sociales puede fomentar la empatía, la compasión y una mayor apreciación de las diversas perspectivas. Al reconocer patrones arquetípicos en los demás, las personas pueden cultivar una comprensión más profunda del comportamiento humano y fomentar conexiones armoniosas.

7. Poder transformador de los símbolos arquetípicos:

Los símbolos arquetípicos poseen un poder transformador que permea diversos aspectos de la experiencia humana. Estos símbolos universales, profundamente arraigados en el inconsciente colectivo, han sido reconocidos por su capacidad para catalizar el crecimiento personal, instigar profundos cambios de perspectiva y evocar profundas respuestas emocionales. El poder transformador de los símbolos arquetípicos radica en su capacidad de resonar con experiencias y emociones humanas fundamentales en distintas culturas y épocas. Gracias a su resonancia, estos símbolos sirven como potentes catalizadores para el autodescubrimiento y la integración psicológica.

Los símbolos arquetípicos funcionan como canales para la exploración del subconsciente, permitiendo a las personas confrontar y asimilar aspectos latentes de su psique. Este proceso de interacción con los símbolos arquetípicos a menudo conduce a profundas transformaciones, ya que las personas comprenden sus motivaciones, miedos y aspiraciones más profundas. Además, el poder transformador inherente a los arquetipos se extiende más allá del desarrollo individual, influyendo en las dinámicas sociales, las narrativas culturales y las expresiones artísticas.

La influencia transformadora de los símbolos arquetípicos se vincula a su papel en la facilitación del proceso de individuación, según postula la psicología junguiana. Al interactuar con los arquetipos, las personas emprenden un viaje hacia la autorrealización, explorando las profundidades de su psique y buscando la plenitud psíquica. Al unir aspectos dispares del Yo, los símbolos arquetípicos fomentan la armonía y la integración internas, lo que conduce a un sentido de identidad y propósito más profundo. Esta transformación a menudo se desarrolla mediante la reinterpretación y la reintegración del simbolismo arquetípico en el contexto de las narrativas personales, lo que mejora la autoconciencia y promueve el desarrollo holístico.

Además, el poder transformador de los símbolos arquetípicos es evidente en diversas disciplinas, como la literatura, el arte y la mitología, donde estos motivos simbólicos sirven como vehículos para trascender las experiencias individuales y conectar con temas universales. A través del reconocimiento y la interpretación de estos símbolos, se invita a las personas a explorar la profundidad de la experiencia humana, generar catarsis emocional y trascender las fronteras temporales y culturales. En definitiva, el potencial transformador de los símbolos arquetípicos trasciende su mera significación estética o ideológica, ofreciendo oportunidades para la evolución personal y colectiva.

8. Interpretaciones contemporáneas de los arquetipos:

En el panorama psicológico actual, numerosos académicos y profesionales han contribuido a la comprensión de los arquetipos, ofreciendo diversas perspectivas y aplicaciones. Una interpretación contemporánea predominante es la integración de la teoría arquetípica con la neurociencia moderna, cuyo objetivo es explorar los fundamentos neurológicos de los símbolos universales y su importancia en la configuración de la cognición y el comportamiento humanos. Al examinar los correlatos neuronales de los patrones arquetípicos, los investigadores buscan dilucidar cómo estas imágenes y motivos primordiales se manifiestan en el cerebro, profundizando así nuestra comprensión de la psique humana. Además, las interpretaciones contemporáneas suelen enfatizar la intersección de los arquetipos con las dimensiones culturales y sociales. Este enfoque reconoce que los arquetipos no son entidades aisladas, sino que se ven influenciados dinámicamente por las experiencias y narrativas colectivas de una sociedad. Por ello, los académicos contemporáneos profundizan en la interacción entre los arquetipos y las dinámicas culturales, reconociendo el papel de los constructos sociales en la configuración y modificación de estos símbolos universales. Asimismo, la llegada de la psicología profunda y su integración con diversas modalidades terapéuticas ha impulsado las interpretaciones contemporáneas de los arquetipos en el ámbito clínico. Los terapeutas actuales utilizan la imaginería y el simbolismo arquetípico como herramientas para acceder y abordar los aspectos inconscientes de la psique, promoviendo la sanación y el autodescubrimiento. Además, la aplicación de los marcos arquetípicos en campos ajenos a la psicología tradicional, como la literatura, el cine y el marketing, ha expandido el discurso sobre los arquetipos más allá del ámbito académico. Las interpretaciones contemporáneas reconocen la profunda influencia de los arquetipos en la configuración de narrativas, marcas y comportamiento del consumidor, revelando las amplias implicaciones de estos símbolos universales. Asimismo, las colaboraciones interdisciplinarias han enriquecido la comprensión contemporánea de los arquetipos, con contribuciones de campos como la antropología, la mitología y la filosofía. Estas diversas perspectivas ofrecen una visión holística de los arquetipos, demostrando su relevancia en diferentes disciplinas y fomentando una comprensión más completa de su papel en la experiencia humana.

9. Críticas y visiones alternativas sobre la teoría arquetípica:

Una crítica destacada cuestiona la aplicabilidad universal de los arquetipos en diferentes culturas y sociedades, enfatizando el potencial de los símbolos y narrativas culturalmente específicos para moldear las experiencias inconscientes individuales y colectivas. Esta perspectiva subraya la importancia de considerar las influencias socioculturales para comprender la diversidad de representaciones y significados simbólicos. Además, los críticos argumentan que la naturaleza determinista de la teoría arquetípica puede pasar por alto las complejidades de las experiencias personales y la interacción dinámica entre los procesos conscientes e inconscientes. Al centrarse en la rigidez de los patrones arquetípicos, esta crítica plantea importantes preguntas sobre la adaptabilidad y la fluidez de las interpretaciones simbólicas en diversos contextos psicológicos.

Además de las críticas, las perspectivas alternativas sobre la teoría arquetípica ofrecen marcos innovadores que complementan o desafían las perspectivas junguianas tradicionales. Algunos académicos proponen un enfoque más interdisciplinario, que integra perspectivas de la neurociencia, la psicología cognitiva y la semiótica para enriquecer la comprensión de los fenómenos arquetípicos. Al examinar los correlatos neurológicos del procesamiento simbólico y los mecanismos cognitivos subyacentes a la imaginería arquetípica, estas perspectivas alternativas contribuyen a una exploración multifacética de cómo los arquetipos se manifiestan y operan en la conciencia humana. Asimismo, el análisis crítico de la teoría arquetípica fomenta una reevaluación de sus límites categóricos, abriendo caminos para modelos híbridos que combinan los conceptos junguianos con los avances contemporáneos del psicoanálisis y los estudios culturales.

El debate en torno a la teoría arquetípica también abarca discusiones sobre las implicaciones éticas de la interpretación y aplicación de símbolos universales en entornos terapéuticos y educativos. Los especialistas en ética y los profesionales analizan las dinámicas de poder inherentes al discurso arquetípico, advirtiendo contra la esencialización o la imposición de marcos simbólicos a las personas sin reconocer su capacidad de acción e interpretaciones subjetivas. Por lo tanto, una indagación ética sobre el uso responsable de las imágenes y narrativas arquetípicas insta a los profesionales a gestionar las complejidades de las intervenciones simbólicas con sensibilidad hacia los diversos contextos culturales, sociales y personales.

El inconsciente colectivo - Las profundidades de la psique

1. Introducción:

El concepto de inconsciente colectivo representa un pilar fundamental en la psicología analítica. Enraizado en la rica historia de la humanidad y la mitología intercultural, el inconsciente colectivo es un reservorio de imágenes y arquetipos primordiales que trascienden las experiencias individuales y conforman el sustrato de la psique humana. La explicación de Jung del inconsciente colectivo se apartó de las teorías predominantes de su época, inspirándose en diversas fuentes como las mitologías antiguas, el simbolismo religioso, los sueños y los estudios psicológicos interculturales. Esta perspectiva innovadora desafió el énfasis predominante en el pensamiento y la conducta conscientes, elevando el inconsciente a una posición primordial en la comprensión de la naturaleza y el comportamiento humanos. Los fundamentos teóricos del inconsciente colectivo subrayan su naturaleza sincrónica, donde eventos y símbolos aparentemente inconexos se conectan mediante patrones arquetípicos subyacentes que operan más allá del ámbito de la conciencia individual. Así, el inconsciente colectivo es heredado y compartido por todos los seres humanos, manifestándose a través de temas y motivos universales en distintas culturas y períodos históricos.

2. Contexto histórico y fundamentos teóricos:

El concepto de inconsciente colectivo se origina en la divergencia de Jung con el psicoanálisis freudiano, donde buscaba dilucidar las profundidades de la mente humana más allá de las experiencias personales y la conciencia individual. Jung se inspiró en diversas fuentes como la mitología, la religión, la filosofía y la antropología para formular su teoría del inconsciente colectivo. Sus estudios de diversas culturas y sistemas simbólicos lo llevaron a proponer la existencia de arquetipos simbólicos universalmente heredados que configuran el pensamiento, las emociones y los comportamientos humanos. Esta desviación del enfoque predominante en los procesos conscientes y racionales marcó un cambio de paradigma significativo en el discurso psicológico.

Los fundamentos filosóficos influyeron directamente en la conceptualización junguiana del inconsciente colectivo. Al integrar elementos de dimensiones metafísicas y espirituales, la teoría de Jung trascendió los enfoques empíricos convencionales y se adentró en las esferas de los aspectos inefables y trascendentes de la experiencia humana. Además, los fundamentos teóricos del inconsciente colectivo también reflejan el énfasis de Jung en la individuación, un proceso mediante el cual el individuo alcanza la autorrealización y la plenitud mediante la integración y reconciliación de aspectos dispares de la psique.

3. Constituyentes del Inconsciente Colectivo:

Definidos por Carl Jung como la parte del inconsciente derivada de la memoria y la experiencia ancestrales, estos componentes representan un reservorio universal de conocimiento y experiencia humanos. Comprende arquetipos, patrones heredados colectivamente de comportamiento y pensamiento humano, que forman la base de nuestras percepciones, creencias y acciones. Los arquetipos sirven como representaciones simbólicas del funcionamiento instintivo y desempeñan un papel importante en la configuración de nuestras emociones, comportamientos e interacciones.

Los componentes del inconsciente colectivo abarcan una amplia gama de símbolos arquetípicos que reflejan temas comunes presentes en diversas culturas y sociedades. Estos símbolos, como el héroe, la madre, la sombra y el anciano sabio, encarnan experiencias humanas compartidas y proporcionan un marco para comprender los aspectos universales de la existencia humana. Actúan como planos psíquicos, influyendo en nuestros pensamientos, sentimientos y comportamientos de maneras que a menudo escapan a la conciencia.

Los componentes del inconsciente colectivo operan en la psique individual, ejerciendo una profunda influencia en el desarrollo personal y la dinámica psicológica. La combinación única de arquetipos de cada persona crea un panorama psicológico distintivo que influye en sus percepciones, motivaciones y relaciones. Al reconocer y comprender estos componentes, las personas pueden comprender mejor las fuerzas subyacentes que configuran sus vidas y explorar la interconexión entre sus experiencias personales y las narrativas culturales e históricas más amplias.

Al profundizar en los componentes del inconsciente colectivo, se hace evidente que no son entidades estáticas ni fijas, sino elementos dinámicos y evolutivos de la psique humana. Sus manifestaciones pueden variar considerablemente según el contexto cultural, las experiencias personales y la etapa de desarrollo de cada individuo. Además, la interacción entre estos componentes y factores externos, como las normas sociales, la dinámica familiar y los acontecimientos vitales, enriquece aún más su complejidad y su contribución a la estructura psicológica del individuo.

4. Patrones arquetípicos y su influencia:

Los patrones arquetípicos representan símbolos y temas universalmente reconocidos que han existido en diversas culturas y civilizaciones a lo largo de la historia de la humanidad. Estos arquetipos, tal como los conceptualizó Jung, ejercen una inmensa influencia en la psique individual y la dinámica social, moldeando nuestras percepciones, comportamientos y narrativas culturales.

La influencia de los patrones arquetípicos se observa en diversos aspectos de la experiencia humana, desde las narrativas mitológicas y el simbolismo religioso hasta las expresiones artísticas y los sueños. Por ejemplo, la figura arquetípica del Héroe aparece en innumerables mitos y leyendas, encarnando el concepto universal de valentía, sacrificio y triunfo ante la adversidad. De igual manera, el arquetipo de la Madre simboliza la crianza, la protección y la fertilidad, y se repite en diversos contextos culturales como representación del principio femenino de la crianza.

Estos patrones arquetípicos ejercen su influencia en los individuos a través del proceso de individuación, donde la psique asimila e integra estos símbolos universales en sus experiencias y expresiones personales. Al mismo tiempo, moldean actitudes, valores e instituciones colectivas, sirviendo como elementos fundamentales que sustentan las estructuras sociales y los sistemas de creencias.

La influencia de los patrones arquetípicos trasciende el ámbito de la psicología y la cultura, permeando campos como la literatura, el arte y la religión. Muchas obras literarias y creaciones artísticas incorporan motivos arquetípicos para evocar emociones profundas y conectar con experiencias humanas universales. En contextos religiosos, las figuras arquetípicas suelen ser la base de narrativas y rituales espirituales, proporcionando a las personas un marco para comprender cuestiones existenciales y encontrar el sentido de la vida.

5. Inconsciente personal versus inconsciente colectivo:

Al considerar la psique personal, nos encontramos con una riqueza de experiencias, recuerdos y traumas únicos que moldean la cosmovisión y los patrones de comportamiento de cada individuo. Este ámbito abarca los elementos específicos e idiosincrásicos que diferencian a una persona de otra. En marcado contraste, el inconsciente colectivo sustenta el reservorio compartido de imágenes primordiales y motivos arquetípicos que trascienden las fronteras culturales y temporales, destacando la interconexión de la conciencia humana.

Profundizar en este análisis comparativo revela las características distintivas del inconsciente personal y colectivo. El inconsciente personal se configura principalmente a partir de las experiencias vitales de cada individuo y comprende emociones reprimidas, recuerdos olvidados y conflictos internos. Estos elementos forman la base de los complejos personales y contribuyen a la diversa constitución psicológica de cada persona. Por el contrario, el inconsciente colectivo encapsula temas y símbolos universales que resuenan en todas las culturas y civilizaciones, como los arquetipos del héroe, la madre y la sombra. Estos patrones arquetípicos son inherentes a todos los seres humanos y actúan como pilares fundamentales de la psique humana.

Las manifestaciones del inconsciente personal y colectivo difieren en su impacto en la cognición, el comportamiento y la creatividad. Si bien el inconsciente personal suele influir en los pensamientos, sentimientos y acciones inmediatos a través de experiencias individuales, el inconsciente colectivo opera a un nivel más amplio y profundo. Ejerce su influencia a través de símbolos recurrentes y motivos mitológicos que impregnan el arte, la literatura y las tradiciones religiosas de todo el mundo, trascendiendo las fronteras de sociedades e historias particulares.

6. Mecanismos de influencia:

Las manifestaciones del inconsciente se caracterizan por su naturaleza elusiva y sutil, y a menudo emergen en formas simbólicas que requieren interpretación y análisis. Estos mecanismos de influencia permiten comprender el profundo impacto del inconsciente en el comportamiento, las emociones y la cognición humanos. Uno de estos mecanismos es el fenómeno de los sueños, que sirve de puente entre las esferas consciente e inconsciente. Los sueños son depósitos de contenido simbólico que ofrecen acceso a los procesos inconscientes, sirviendo como una ventana a las capas más profundas de la psique. Otro mecanismo influyente es la manifestación de imágenes arquetípicas en narrativas culturales, mitos y símbolos religiosos. Estos motivos arquetípicos permean las sociedades humanas, moldeando creencias, valores y comportamientos colectivos mediante su resonancia simbólica. Además, el inconsciente se manifiesta a través de expresiones creativas espontáneas, como el arte, la literatura y los rituales. Estas iniciativas creativas a menudo sirven como canales directos para que el inconsciente se exprese, proporcionando un rico tapiz de representaciones simbólicas. Además, el inconsciente ejerce su influencia a través de experiencias emocionales y afectivas, influyendo en las dinámicas interpersonales, los conflictos intrapersonales y los patrones de comportamiento. Las conexiones entre el inconsciente y estas manifestaciones emocionales subrayan el poder omnipresente de las fuerzas inconscientes. Asimismo, el inconsciente se manifiesta a través de experiencias somáticas y sensaciones corporales, lo que refleja la interacción entre estados psicológicos y manifestaciones físicas. Estas expresiones somáticas pueden revelar emociones reprimidas, conflictos no resueltos y dinámicas psicosomáticas. Finalmente, el inconsciente también se manifiesta a través de eventos sincrónicos, coincidencias inexplicables que insinúan un orden subyacente más profundo. Estas coincidencias significativas apuntan a la interconexión de las realidades internas y externas, ofreciendo vislumbres del inconsciente orquestando sucesos aparentemente aleatorios.

7. Técnicas psicoanalíticas:

Las técnicas psicoanalíticas, basadas en los principios fundamentales del psicoanálisis, tienen como objetivo descubrir las facetas ocultas de la psique y desentrañar el complejo tapiz de la mente inconsciente.

Una técnica destacada para explorar el inconsciente colectivo es la asociación libre. Mediante este método, se anima a las personas a verbalizar sus pensamientos sin censura, lo que permite el surgimiento espontáneo de emociones, recuerdos y símbolos reprimidos desde las profundidades del inconsciente. Al examinar los patrones y los temas subyacentes en estas asociaciones, los psicoanalistas pueden discernir la presencia de elementos arquetípicos y comprender mejor el panorama psicológico más profundo del individuo.

Otro enfoque significativo es el análisis de los sueños. Los sueños actúan como un portal hacia el inconsciente, ofreciendo una rica reserva de contenido simbólico que refleja las preocupaciones, conflictos y aspiraciones más profundas de un individuo. Al interpretar el contenido latente de los sueños —descubriendo las representaciones simbólicas entretejidas en la narrativa—, los psicoanalistas pueden descifrar los mensajes comunicados por el inconsciente y arrojar luz sobre los motivos arquetípicos que impregnan el dominio psicológico del soñador.

El uso de la imaginación activa, un método promovido por Carl Jung, facilita la interacción directa con el contenido del inconsciente. A través de la imaginación activa, las personas se sumergen en un proceso de visualización espontánea y diálogo interno, interactuando conscientemente con las figuras y escenarios simbólicos que surgen de las profundidades de la psique. Esta técnica ofrece un medio profundo para conectar con las energías arquetípicas e integrar los aspectos fragmentados del Yo, fomentando una relación armoniosa entre la consciencia y el inconsciente colectivo.

Además de estos métodos, las técnicas psicoanalíticas abarcan la exploración de las dinámicas de transferencia y contratransferencia, la amplificación del material simbólico y el uso de marcos interpretativos como los paralelismos mitológicos y el simbolismo cultural. La naturaleza multifacética de estas técnicas subraya la complejidad de explorar el inconsciente colectivo y la interacción sutil entre el individuo y las fuerzas arquetípicas que configuran su realidad psíquica.

8. Relación con otros componentes de la psicodinámica:

Comprender cómo el inconsciente colectivo interactúa con otros elementos puede proporcionar valiosas perspectivas sobre el complejo funcionamiento de la psique humana. En el núcleo de la psicodinámica se encuentra la interacción entre los procesos mentales conscientes e inconscientes. El inconsciente colectivo, a diferencia del inconsciente personal, es un componente esencial que subraya la universalidad de ciertos fenómenos psicológicos. Se entrelaza con el inconsciente personal, influyendo en las experiencias individuales de maneras sutiles pero poderosas. Esta relación sienta las bases para comprender la dinámica del comportamiento y la personalidad humanos.

Al explorar la relación entre el inconsciente colectivo y la psicodinámica, se hace evidente que los patrones arquetípicos, profundamente arraigados en el inconsciente colectivo, tienen un impacto significativo en las manifestaciones emocionales y conductuales. Estos arquetipos, como el Ánima/Ánimus o la sombra, interactúan con los pensamientos, deseos y acciones conscientes, moldeando las experiencias y percepciones del individuo. Esta interacción resalta las conexiones entre el inconsciente colectivo y la conciencia, mostrando el papel fundamental de los arquetipos en los procesos psicodinámicos.

El inconsciente colectivo influye en la dinámica interpersonal y las estructuras sociales, contribuyendo a la formación de normas, valores y símbolos culturales. En el marco de la psicodinámica, el inconsciente colectivo sirve como reservorio de representaciones simbólicas compartidas que sustentan las interacciones y relaciones humanas. Al reconocer la influencia de los contenidos del inconsciente colectivo en la dinámica interpersonal, se obtiene una comprensión más profunda de las motivaciones y los conflictos subyacentes que configuran el comportamiento social y la dinámica de grupo.

Al considerar la relación con otros componentes de la psicodinámica, es esencial examinar sus implicaciones para la práctica terapéutica. Los enfoques psicodinámicos a menudo implican explorar las profundidades del inconsciente para abordar conflictos no resueltos y promover la sanación. La incorporación de dinámicas del inconsciente colectivo en las intervenciones terapéuticas proporciona una comprensión integral de los factores subyacentes que contribuyen al bienestar psicológico de una persona. Al integrar la exploración de motivos arquetípicos e imágenes del inconsciente colectivo en la terapia, los profesionales pueden facilitar transformaciones profundas y promover el desarrollo psicológico holístico.

Esta interconexión también se extiende al campo más amplio de la psicología, donde la integración del inconsciente colectivo enriquece nuestra comprensión del desarrollo humano, la psicopatología y las modalidades psicoterapéuticas. Al reconocer la relación entre el inconsciente colectivo y la psicodinámica, los psicólogos y los profesionales de la salud mental pueden perfeccionar sus marcos teóricos y prácticas clínicas, mejorando así la eficacia de las intervenciones terapéuticas y promoviendo el desarrollo psicológico.

El Ser - El Centro de la Conciencia

1. Introducción al concepto del Yo:

En la psicología junguiana, el concepto del Yo representa el centro de la consciencia y un elemento esencial en el proceso de individuación. Para comprender el desarrollo histórico del Yo en la psicología junguiana, es fundamental profundizar en sus teorías y definiciones fundamentales. Carl Jung, pionero en el campo de la psicología analítica, introdujo la noción del Yo como arquetipo de la totalidad y centro del inconsciente colectivo. Según Jung, el Yo representa la unificación de todos los aspectos de la psique individual, abarcando tanto los elementos conscientes como los inconscientes. Este concepto reconoce la naturaleza holística de la conciencia humana y sirve como principio rector para comprender la compleja dinámica de la mente humana. Otra figura influyente en el desarrollo histórico del Yo en la psicología junguiana es su exploración de las filosofías y tradiciones religiosas orientales. Su exposición a estas perspectivas culturales influyó significativamente en su conceptualización del Yo, lo que le permitió comprender mejor sus aspectos universales y transculturales. Además, el rico tapiz de mitos y símbolos de diversas culturas enriqueció aún más la comprensión de Jung del Yo como símbolo universal de unidad. La naturaleza arquetípica del Yo refleja su relevancia atemporal e intercultural, enfatizando su significado más allá de las experiencias individuales. La evolución del Yo dentro de la psicología junguiana también abarca la diferenciación entre el ego y el Yo. Esta diferenciación forma la base para comprender la interacción dinámica entre el sentido consciente del Yo y las capas más profundas e inconscientes de la psique. La elucidación de Jung de esta relación subraya el papel fundamental del Yo en la orquestación de la integración de elementos psíquicos dispares, lo que conduce a la plenitud personal y la individuación. Además, el énfasis de Jung en el proceso de individuación como un viaje transformador hacia la autorrealización arroja luz sobre las profundas implicaciones del Yo en la configuración de la experiencia humana.

2. Desarrollo histórico:

En el centro de la conceptualización temprana del Yo por parte de Jung se encontraba su divergencia del psicoanálisis freudiano y la posterior formación de la psicología analítica. La noción del Yo emergió gradualmente a medida que Jung profundizaba en la exploración del inconsciente y del inconsciente colectivo, inspirándose en diversas fuentes filosóficas, religiosas y mitológicas. Esta integración de diversas influencias sustentó la vasta reserva de la que Jung extrajo los elementos fundamentales del Yo. El desarrollo histórico del Yo también refleja el proceso de individuación, que Jung consideraba esencial para alcanzar la plenitud psicológica. El proceso de individuación, interconectado con la evolución del Yo, ilustra el camino hacia la autorrealización y la integración de los aspectos conscientes e inconscientes de la psique. Además, la importancia de los símbolos y arquetipos en la narrativa histórica del Yo es innegable. Estos motivos universales y atemporales, según los propone Jung, han moldeado dinámicamente la construcción e interpretación del Yo, ilustrando cómo los desarrollos históricos han adoptado y entretejido estos elementos simbólicos en la estructura de la psicología junguiana. Además, la trayectoria histórica del Yo dentro de la psicología junguiana ilumina el dinamismo inherente a su definición y funcionalidad, subrayando cómo el concepto se adapta y resuena con las experiencias y contextos de individuos a través de diversas culturas y épocas.

3. La relación entre el ego y el Yo:

El ego, sinónimo de la identidad consciente y las percepciones racionales, suele funcionar como una ventana a través de la cual las personas interactúan con el mundo exterior. Por otro lado, el Yo representa la totalidad de la psique, abarcando no solo la mente consciente, sino también las capas inconscientes, incluyendo arquetipos y experiencias colectivas.

Jung sostenía que una relación armoniosa entre el ego y el Yo es esencial para el equilibrio psicológico y la individuación, el proceso de convertirse en un individuo unificado y completo. Esta integración requiere la confluencia de las dimensiones consciente e inconsciente, lo que conduce a una autoconciencia equilibrada y auténtica. Sin embargo, lograr esta alineación no está exento de desafíos; el ego a menudo se resiste a reconocer e integrar elementos del Yo que escapan a la conciencia.

La inclinación del ego a identificarse únicamente con las percepciones conscientes y la racionalidad puede llevar a una disociación de las capas más profundas de la psique, resultando en una percepción fragmentada del Yo. En consecuencia, las personas pueden experimentar conflictos internos, sentimientos de desconexión o una sensación de vacío espiritual, lo que indica una falta de integración entre el ego y el Yo.

En el contexto de la práctica terapéutica, los analistas junguianos facilitan la exploración de la relación entre el ego y el Yo, profundizando en las manifestaciones conscientes e inconscientes de la psique. Mediante técnicas como el análisis de los sueños, la imaginación activa y la exploración de símbolos arquetípicos, se anima a las personas a reconocer e integrar aspectos del Yo que han sido desatendidos o suprimidos por la dominancia del ego.

Se guía a las personas para que comprendan la influencia del condicionamiento cultural, social y familiar en el desarrollo de la relación ego-sí mismo. El impacto de los factores externos en la formación de la identidad egoica de un individuo y su interacción con las capas más profundas del Yo es fundamental para fomentar una conciencia integral de la psique.

4. Conciencia consciente - Percepciones y realidades:

La conciencia abarca la percepción e interpretación de la realidad. En el contexto de la psicología junguiana, desempeña un papel fundamental en el proceso de individuación, donde las personas se esfuerzan por integrar los diversos aspectos de su psique en un todo armonioso. Las percepciones, moldeadas por experiencias personales, influencias culturales y patrones arquetípicos, impactan significativamente la conciencia. Estas percepciones a menudo pueden conducir a realidades subjetivas que influyen en la comprensión que una persona tiene del mundo y de sí misma. La interacción entre la conciencia, las percepciones y las realidades es compleja y multifacética. La teoría junguiana enfatiza el análisis de cómo la conciencia de una persona se ve influenciada por sus entornos internos y externos. Impulsa una exploración profunda de cómo se forman las percepciones y el poder transformador de cambiarlas. Además, profundiza en la importancia de reconciliar los conflictos internos e integrar el contenido inconsciente en la conciencia. Comprender los matices de la conciencia implica explorar los sesgos inconscientes, el condicionamiento social y las predisposiciones psicológicas individuales que moldean la percepción de la realidad.

Este proceso autorreflexivo requiere la voluntad de confrontar los aspectos oscuros del Yo y examinar la autenticidad de la propia conciencia. Además, exige reconocer la proyección y su impacto en la percepción de estímulos externos, lo que conduce a distorsiones en la conciencia. La riqueza de la conciencia y la diversidad de las experiencias humanas contribuyen al vasto tapiz de percepciones y realidades. Reconocer esta diversidad es crucial para expandir la conciencia y desarrollar empatía y comprensión hacia las realidades subjetivas de los demás. Es importante destacar que la psicología junguiana enfatiza la trascendencia de las perspectivas limitadas y la capacidad de aceptar las paradojas inherentes a la conciencia. El camino hacia una conciencia más expansiva e inclusiva implica interactuar con símbolos, sueños y expresiones creativas como herramientas para desbloquear capas más profundas de la psique. En última instancia, cultivar una conciencia más elevada fomenta un mayor sentido de conexión con uno mismo, los demás y el mundo en general.

5. El Yo como Agente Integrador:

En el corazón de la psicología junguiana reside el concepto del Yo como agente integrador, que actúa como fuerza unificadora dentro de la psique. El Yo sirve como centro de organización, armonizando los distintos elementos de la personalidad del individuo. Abarca los aspectos conscientes e inconscientes, uniendo las diversas influencias arquetípicas e integrándolas en un todo coherente. Mediante esta integración, el Yo facilita el proceso de individuación, guiando a las personas hacia la autorrealización y la plenitud psicológica.

Un aspecto central de la noción del Yo como agente integrador es la idea de que actúa como mediador entre el ego consciente y las capas profundas del inconsciente, en particular el inconsciente colectivo. Al servir de puente entre estas dimensiones, el Yo facilita un diálogo entre la mente consciente y las fuerzas arquetípicas que configuran la experiencia humana. Esta interacción entre el Yo y el paisaje inconsciente más amplio subraya su importancia para la resolución de conflictos y el fomento de la armonía interior.

El Yo actúa como una fuerza estabilizadora en medio de la interacción dinámica de arquetipos dentro de la psique. Modera las tendencias erráticas del inconsciente, proporcionando una sensación de cohesión y estabilidad al panorama psicológico del individuo. De este modo, el Yo contribuye a la gestión de la energía psíquica, garantizando que se dirija hacia un desarrollo personal constructivo en lugar de una dispersión caótica.

La función integradora del Yo se ejemplifica en el proceso de análisis de los sueños, piedra angular de la terapia junguiana. Los sueños suelen expresar las tensiones y los conflictos dentro de la psique de un individuo, y a través de la perspectiva interpretativa de la psicología junguiana, se hace evidente que el Yo desempeña un papel fundamental en la síntesis de estos diversos elementos. A medida que los sueños se desarrollan, el Yo emerge como una fuerza guía, entrelazando los símbolos y temas dispares en una narrativa significativa, ofreciendo así a las personas una perspectiva de su funcionamiento interno.

La capacidad integradora del Yo se despliega en el contexto de la expresión creativa y las actividades artísticas. Los artistas, en particular, suelen conectar con las fuentes del inconsciente, canalizando energías arquetípicas en sus creaciones. Aquí, el Yo actúa como facilitador, permitiendo la transformación de la materia prima inconsciente en expresiones artísticas coherentes y significativas. Así, el Yo no solo unifica la psique individual, sino que también media en la externalización de profundos contenidos inconscientes.

6. El Yo versus el inconsciente colectivo:

Mientras que el inconsciente colectivo representa el depósito de símbolos y arquetipos universales compartidos por todos los individuos, el Yo encapsula el centro de la conciencia dentro de la psique individual. Esta distinción constituye la piedra angular de la individuación, permitiendo la integración y armonización de diversos elementos psíquicos. El Yo, según Jung, funciona como un principio organizador que busca la plenitud y el equilibrio, mientras que el inconsciente colectivo sirve como reservorio de imágenes primordiales y patrones instintivos comunes a la humanidad. Comprender esta demarcación es fundamental para comprender la dinámica de la mente humana y el camino hacia la autorrealización.

En esencia, el Yo encarna los aspectos individualizados y únicos de la personalidad de un individuo, abarcando sus experiencias conscientes, percepciones e identidad. Se relaciona con la esfera de la conciencia del ego, donde se moldean las decisiones, creencias y valores personales. Por otro lado, el inconsciente colectivo trasciende las narrativas personales, ahondando en las capas más profundas de la psique, albergando estructuras arquetípicas y motivos míticos que influyen en el comportamiento humano y las manifestaciones culturales a lo largo del tiempo y el espacio. Estos arquetipos, como la sombra, el Ánima/Ánimus y el anciano sabio, están arraigados en el inconsciente colectivo y ejercen una profunda influencia en la vida individual.

La diferenciación entre el Yo y el inconsciente colectivo dilucida la interacción entre las dimensiones consciente e inconsciente de la psique. Mientras que el Yo pertenece principalmente a la consciencia, el inconsciente colectivo opera más allá de la consciencia inmediata, ejerciendo su influencia a través de sueños, fantasías y expresiones creativas. Reconocer y discernir las manifestaciones del inconsciente colectivo del Yo individual es crucial para alcanzar el equilibrio psicológico y fomentar el crecimiento personal. Mediante este proceso, las personas pueden reconocer e integrar los contenidos inconscientes, logrando así una comprensión más profunda de sí mismas y de su lugar en la experiencia humana más amplia.

La distinción entre el Yo y el inconsciente colectivo subraya la importancia de la autoconciencia y la introspección para comprender las complejidades del propio mundo interior. Esto implica reconocer y reconciliarse con los aspectos de la sombra, abrazar la dinámica Ánima/Ánimus y encarnar la sabiduría inherente al inconsciente colectivo. En última instancia, esta diferenciación fomenta un profundo sentido de empoderamiento y propósito personal.

7. El proceso de autorrealización:

La autorrealización implica el reconocimiento consciente y la integración de la verdadera identidad y el potencial propio. Este proceso abarca un profundo viaje de autodescubrimiento y consciencia, donde las personas se esfuerzan por descubrir su yo auténtico en medio de las complejidades de las influencias sociales, las normas culturales y las experiencias personales. En la psicología junguiana, la autorrealización no es simplemente una realización cognitiva, sino una transformación holística que abarca las dimensiones emocional, espiritual y psicológica del ser individual.

El proceso de autorrealización suele comenzar con un período de introspección y reflexión, donde las personas examinan sus creencias, valores y experiencias vitales en un intento de comprenderse mejor a sí mismas. Esta fase introspectiva puede implicar la exploración de las fortalezas, debilidades, aspiraciones y motivaciones subyacentes, lo que conduce a una mayor autoconciencia y claridad sobre el propósito y la dirección de la vida. También implica confrontar y trascender las diversas influencias arquetípicas y patrones inconscientes que pueden obstaculizar la expresión auténtica del Yo.

La autorrealización comprende una interacción dinámica entre el inconsciente personal y el colectivo, a medida que las personas se mueven a través de la red de energías arquetípicas que moldean su psique. Jung enfatizó la importancia de interactuar con el inconsciente a través de los sueños, la imaginación activa y la exploración simbólica como componentes integrales del proceso de autorrealización. Al dilucidar las manifestaciones y mensajes simbólicos inherentes al inconsciente, las personas pueden embarcarse en un viaje transformador hacia la aceptación de un sentido de identidad más integrado y equilibrado.

El proceso de autorrealización implica el reconocimiento y la integración de la sombra, un aspecto complejo de la psique que contiene elementos reprimidos o rechazados del Yo. Mediante la exploración y el reconocimiento valientes de la sombra, las personas pueden abrazar sus potenciales ocultos y resolver sus conflictos internos, fomentando así una mayor sensación de plenitud y autenticidad.

Además, el camino hacia la autorrealización a menudo se desarrolla en el contexto de las relaciones, las interacciones sociales y las dinámicas culturales. Las personas pueden encontrar diversos desafíos y oportunidades de crecimiento a medida que avanzan en el cambiante panorama de las conexiones personales e interpersonales. Además, la búsqueda de la autorrealización va más allá de la introspección individual y abarca las implicaciones sociales más amplias de la identidad, el empoderamiento y la transformación colectiva.

En conclusión, el proceso de autorrealización es una odisea multifacética y transformadora que invita a las personas a embarcarse en una profunda búsqueda interior para descubrir e integrar su verdadero yo. Abarca el descubrimiento de las potencialidades inherentes, la reconciliación de los aspectos conflictivos de la psique y la construcción de una identidad auténtica y empoderada. En definitiva, la autorrealización sirve como catalizador para el crecimiento personal, la liberación y la realización de las aspiraciones más elevadas.

8. Desafíos en la comprensión del Yo a través de las culturas:

Comprenderse a sí mismo es una tarea compleja, y al analizarla desde la perspectiva cultural, esta complejidad se amplifica aún más. La diversidad cultural influye significativamente en cómo las personas perciben y construyen su sentido del Yo. Las normas y valores culturales desempeñan un papel fundamental en la configuración de la identidad individual y sus interpretaciones del Yo. Por ejemplo, las culturas individualistas enfatizan el logro personal y la independencia, fomentando un autoconcepto centrado en la autonomía y la singularidad. En contraste, las culturas colectivistas priorizan la armonía y la interdependencia grupal, lo que conduce a un sentido del Yo más interconectado y orientado a las relaciones. Estas diferencias fundamentales requieren una comprensión matizada de los diversos autoconceptos que surgen en diferentes marcos culturales.

Las barreras lingüísticas también contribuyen a la complejidad de descifrar el Yo en diferentes culturas. Los matices y sutilezas lingüísticas de la autoexpresión varían según el idioma, lo que influye en cómo las personas articulan y comprenden sus experiencias internas. Además, ciertas culturas pueden carecer de traducciones directas para conceptos relacionados con el Yo, lo que dificulta captar con precisión la profundidad de la autoconciencia y la exploración de la identidad.

Las creencias religiosas y espirituales moldean aún más la comprensión del Yo dentro de los paradigmas culturales. Los sistemas de creencias divergentes ofrecen perspectivas contrastantes sobre la naturaleza del Yo, su propósito y su conexión con lo trascendente. Estas variaciones no solo influyen en las autopercepciones individuales, sino que también impactan en la comprensión colectiva de la identidad, la moralidad y el significado existencial.

Los roles y expectativas sociales dentro de las diferentes culturas también plantean desafíos significativos para la comprensión del Yo. Los roles de género, las dinámicas familiares y las jerarquías sociales influyen en cómo las personas se perciben a sí mismas y construyen sus identidades dentro de contextos culturales específicos. Además, la naturaleza cambiante de la globalización y la interacción intercultural introduce mayores complejidades, ya que las personas interactúan con múltiples influencias culturales, lo que da lugar a autoconceptos híbridos que trascienden las fronteras culturales tradicionales.

En definitiva, afrontar los desafíos de comprenderse a sí mismo en diferentes culturas requiere una mayor sensibilidad a la diversidad cultural y una disposición a aceptar la riqueza de perspectivas diversas. Exige cultivar la competencia cultural, participar en el diálogo intercultural y reconocer la fluidez de la identidad en un mundo cada vez más interconectado.

9. La importancia del Yo en el crecimiento personal:

La exploración del Yo en diferentes culturas ha revelado la profunda importancia de la conciencia individual para el crecimiento y desarrollo personal. En diversos contextos culturales, el camino hacia la autorrealización sigue siendo una aspiración universal; sin embargo, los caminos para alcanzar esta meta pueden variar considerablemente. A pesar de estas variaciones, surge un denominador común: la necesidad inherente de las personas de profundizar en su autoconocimiento. Este proceso de introspección y autodescubrimiento es fundamental para fomentar el crecimiento y el bienestar personal.

Cuando las personas emprenden la búsqueda del autodescubrimiento, a menudo se enfrentan a conflictos y obstáculos internos que desafían sus creencias y percepciones establecidas. Las confrontaciones con los aspectos ocultos del Yo, según la psicología junguiana, pueden ser particularmente transformadoras, requiriendo que las personas se enfrenten a sus motivos ocultos y emociones reprimidas. A través de este proceso introspectivo, las personas pueden alcanzar una mayor autoconciencia, lo que las lleva a una alineación con su yo auténtico. Como resultado, están mejor preparadas para gestionar las complejidades de la vida y fomentar relaciones significativas con los demás.

La importancia del Yo en el crecimiento personal trasciende el bienestar individual y permea diversas esferas de la existencia humana. Desde una perspectiva social, quienes han alcanzado una autorrealización significativa son más propensos a mostrar responsabilidad social y empatía hacia los demás. Al cultivar una profunda comprensión de su propia psique, estos individuos pueden liberarse de las limitaciones del condicionamiento social y contribuir positivamente a sus comunidades. Cuando muchas personas se esfuerzan colectivamente por alcanzar la autorrealización, el tejido social resultante se enriquece con compasión, armonía y tolerancia. Mediante esta elevación colectiva de la conciencia, se reducen los conflictos sociales basados en la ignorancia y los prejuicios, contribuyendo así al bien común de la humanidad.

En conclusión, el concepto del Yo sirve como base sobre la cual las personas construyen su comprensión del mundo y su lugar en él. Independientemente de las diferencias culturales, el camino hacia la autorrealización es una experiencia humana fundamental que moldea no solo la vida individual, sino también la dinámica de la sociedad en su conjunto.

Relaciones entre los arquetipos y el inconsciente colectivo

1. Introducción a la dinámica arquetípica:

Los arquetipos actúan como estructuras psíquicas innatas que moldean nuestras percepciones, comportamientos y experiencias. Forman la esencia primordial de la existencia humana, encarnando patrones atemporales de pensamiento y emoción. Comprender la dinámica arquetípica requiere un análisis profundo del inconsciente colectivo, un reservorio de material psíquico heredado compartido por todos los individuos, independientemente de su cultura o educación. Aquí, los arquetipos residen como entidades autónomas y numinosas, ejerciendo profunda influencia en nuestra vida consciente. Al examinar sus manifestaciones, obtenemos información sobre el lenguaje simbólico a través del cual se comunica el inconsciente colectivo. Además, esta exploración facilita la comprensión de los temas y motivos universales que sustentan las narrativas y mitologías humanas en diversas sociedades. Un aspecto crucial de estas dinámicas reside en el proceso de individuación, donde los individuos se esfuerzan por integrar y reconciliar las dispares fuerzas arquetípicas dentro de su psique. Este esfuerzo subraya el potencial transformador de los arquetipos, ya que impulsan a las personas hacia la autorrealización y la plenitud. Además, la interconexión entre los arquetipos y el inconsciente colectivo revela la profunda relevancia de estos conceptos en diversos ámbitos, como la literatura, el arte, la religión y las prácticas culturales.

2. El inconsciente colectivo en relación con los arquetipos:

Basado en la idea de que todos los individuos comparten un reservorio común de experiencias y potencialidades heredadas, el inconsciente colectivo sirve como depósito de patrones y motivos simbólicos universales, sentando las bases para la manifestación de arquetipos. Estos arquetipos, profundamente arraigados en el inconsciente colectivo, ejercen una influencia significativa en los pensamientos, emociones, comportamientos y percepciones de un individuo, operando a menudo a nivel inconsciente.

Al explorar la relación entre el inconsciente colectivo y los arquetipos, es fundamental comprender el contexto histórico y los fundamentos teóricos que sustentan la psicología junguiana. A partir de diversas fuentes culturales y mitológicas, Jung identificó motivos y símbolos recurrentes que trascienden las fronteras temporales y geográficas, lo que refleja la presencia de arquetipos en el inconsciente colectivo. Estas imágenes arquetípicas no son estáticas, sino que evolucionan y se adaptan al entorno cultural, configurando narrativas y expresiones que resuenan en diversas poblaciones.

La interconexión de los constructos junguianos se hace evidente al considerar el vínculo simbiótico entre el inconsciente colectivo y los arquetipos. El inconsciente colectivo sirve como fuente de la que surgen los arquetipos, encarnando principios organizadores fundamentales que rigen las experiencias y representaciones humanas. Por ello, las manifestaciones de los arquetipos en sueños, fantasías y artefactos culturales ofrecen vislumbres de la dinámica subyacente del inconsciente colectivo, iluminando el profundo impacto de las energías arquetípicas en la psique individual y colectiva.

Las manifestaciones simbólicas de los arquetipos en el inconsciente colectivo poseen una inmensa importancia psicológica. Estos símbolos atemporales e interculturales encapsulan profundos niveles de significado, evocando emociones y perspectivas primordiales que trascienden la comprensión racional. Mediante la exploración introspectiva y la interacción terapéutica, las personas pueden descubrir e integrar estos motivos arquetípicos, lo que conduce a una mayor autoconciencia, crecimiento personal e individuación.

Más allá de las conjeturas teóricas, las observaciones empíricas y los estudios de caso aportan valiosas perspectivas sobre las implicaciones prácticas del inconsciente colectivo y su relación con los arquetipos. Al examinar los temas y símbolos recurrentes que permean los sueños, las expresiones artísticas y las narrativas culturales de las personas, investigadores y profesionales obtienen una comprensión más profunda de la dinámica arquetípica que opera en el inconsciente colectivo. Esta evidencia empírica respalda la perdurable relevancia de las conceptualizaciones de Jung para comprender la psique humana en diversos contextos y poblaciones.

Además, reconocer el papel de las influencias culturales en las expresiones arquetípicas revela la interacción dinámica entre el inconsciente colectivo y los factores socioculturales. Dado que los mitos, rituales y tradiciones culturales influyen en la relevancia y la representación de los arquetipos, las experiencias e interpretaciones individuales en entornos culturales específicos contribuyen a la riqueza y diversidad de las manifestaciones arquetípicas en el inconsciente colectivo. Esta perspectiva cultural amplía el discurso en torno a los fenómenos arquetípicos, enfatizando la necesidad de contextualizar sus expresiones dentro de los marcos socioculturales.

Reconocer las perturbaciones y bloqueos en las interacciones arquetípicas ofrece una valiosa perspectiva sobre las complejidades de la psique humana. Los casos en que las personas experimentan alienación o distorsión de las energías arquetípicas ponen de relieve la red de fuerzas psicológicas que actúan en el inconsciente colectivo. Explorar estas perturbaciones impulsa la investigación sobre las fuentes del malestar y la disonancia psicológica, lo que justifica intervenciones dirigidas a restaurar las interacciones arquetípicas armoniosas y fomentar la integración psicológica.

3. Interconexión de los constructos junguianos:

Al profundizar en las complejidades de la psicología junguiana, se hace evidente que los constructos dentro de este marco teórico están intrínsecamente interconectados, cada uno influyendo y moldeando a los demás en una compleja red de fenómenos psicológicos. En el corazón de esta interconexión reside el concepto de arquetipos, que sirven como estructuras psíquicas fundamentales que representan patrones e imágenes universales. El inconsciente colectivo, otro constructo fundamental, alberga estos arquetipos y proporciona el espacio psíquico para su expresión y manifestación. Es a través de la interacción de estas fuerzas arquetípicas y el inconsciente colectivo que la psique individual se ve influenciada y moldeada. Además, el concepto del Ser, que se erige como el centro de la conciencia, está profundamente entrelazado con estas influencias arquetípicas. Dentro del proceso de individuación, el Ser busca integrar y armonizar las diversas energías arquetípicas, lo que conduce a una mayor sensación de plenitud e identidad individualizada. Cabe destacar que la dinámica del conflicto interno, en particular la interacción entre el ego y el Ser, subraya aún más la interconexión dentro del marco junguiano. A medida que el ego lidia con las exigencias del Ser y las manifestaciones de las energías arquetípicas, el delicado equilibrio de la psique se negocia y renegocia continuamente. Esta negociación a menudo se ve subrayada por las manifestaciones simbólicas de los arquetipos, que pueden surgir en sueños, mitos y narrativas culturales. Estas expresiones simbólicas sirven como indicadores profundos de la interconexión de las fuerzas arquetípicas dentro de la psique humana, ofreciendo una rica perspectiva sobre la naturaleza universal de estas estructuras psíquicas. Además, las implicaciones culturales de estas manifestaciones arquetípicas no pueden ignorarse, ya que las influencias culturales y los símbolos colectivos desempeñan un papel fundamental en la configuración de la psique individual. A través del estudio de observaciones empíricas y estudios de caso, la interconexión matizada de estos constructos junguianos se hace aún más palpable. Estos ejemplos del mundo real ofrecen valiosas perspectivas sobre cómo las influencias arquetípicas, interconectadas con el inconsciente colectivo y el proceso de individuación, moldean las experiencias individuales. Además, las perturbaciones y bloqueos en las interacciones arquetípicas arrojan luz sobre las complejidades y los desafíos inherentes a la exploración del terreno interconectado de la psique junguiana.

4. Implicaciones psicológicas de la interacción arquetípica:

La interacción de los arquetipos a menudo se manifiesta de diversas formas, como sueños, fantasías y relaciones interpersonales. Estas manifestaciones proporcionan información valiosa sobre el mundo interior de una persona y pueden servir como indicadores significativos para el análisis y la interpretación psicológica. Además, la identificación y exploración de las interacciones arquetípicas puede revelar motivaciones ocultas, conflictos y problemas no resueltos en la psique, abriendo caminos para el autodescubrimiento y la sanación.

Las implicaciones psicológicas de la interacción arquetípica trascienden el ámbito individual y abarcan dimensiones sociales y culturales. Las expresiones colectivas de los arquetipos configuran mitos, rituales e ideologías culturales, influyendo así en las normas y valores sociales. Comprender cómo interactúan los arquetipos en la psique colectiva de una cultura puede proporcionar perspectivas invaluables sobre los comportamientos colectivos, los sistemas de creencias y el desarrollo social. Además, reconocer los fundamentos arquetípicos de los fenómenos culturales puede arrojar luz sobre las dinámicas sociales y las tendencias históricas, y facilitar la comprensión y el diálogo interculturales.

Considerar las implicaciones psicológicas de la interacción arquetípica también cobra relevancia en las prácticas terapéuticas y los enfoques psicoanalíticos. Al explorar y mapear la dinámica de la interacción arquetípica en la psique del paciente, los terapeutas pueden comprender mejor las causas subyacentes del malestar psicológico, los patrones desadaptativos y los conflictos no resueltos. Esta comprensión facilita intervenciones personalizadas, dirigidas a promover la individuación y fomentar la integración psicológica. Además, reconocer la red de interacciones arquetípicas puede guiar a las personas hacia una comprensión más profunda de sí mismas, facilitando el crecimiento personal y la plenitud.

5. Interrupciones y bloqueos en las interacciones arquetípicas:

La dinámica de las interacciones arquetípicas dentro del inconsciente colectivo es fundamental para comprender el funcionamiento de la psique. Sin embargo, es esencial explorar las posibles perturbaciones y bloqueos que pueden ocurrir en este contexto. Las perturbaciones en las interacciones arquetípicas pueden manifestarse de diversas formas, como conflictos arquetípicos, supresión o distorsión de las energías arquetípicas. Estas perturbaciones pueden obstaculizar el proceso de individuación y provocar angustia psicológica. Los bloqueos en las interacciones arquetípicas pueden provenir de conflictos psíquicos no resueltos, traumas o imposiciones culturales sobre las manifestaciones arquetípicas personales. Cuando estos bloqueos persisten, pueden obstaculizar el camino de una persona hacia la plenitud y la autorrealización. Es crucial reconocer que estas perturbaciones y bloqueos no son infrecuentes y pueden afectar significativamente el bienestar psicológico de una persona. Comprender los signos y síntomas de estas perturbaciones es fundamental tanto para los terapeutas como para las personas.

Dado que las manifestaciones de estas perturbaciones pueden ser sutiles o evidentes, es fundamental ser consciente de sus posibles efectos en la psicología. Abordar las perturbaciones y los bloqueos en las interacciones arquetípicas suele requerir un enfoque multifacético. Las intervenciones terapéuticas pueden incluir la exploración de los orígenes de estas perturbaciones mediante técnicas psicoanalíticas, análisis de sueños y ejercicios de imaginación activa. Además, la integración de perspectivas culturales puede proporcionar información valiosa sobre cómo las influencias sociales contribuyen a la perturbación de las interacciones arquetípicas. Al reconocer y abordar las perturbaciones y los bloqueos en las interacciones arquetípicas, las personas pueden emprender un camino hacia la resolución de conflictos internos y el logro de una mayor integración psicológica. Asimismo, reconocer el impacto de dichas perturbaciones también pone de relieve la importancia de la sensibilidad cultural en las prácticas terapéuticas. Las consideraciones culturales desempeñan un papel fundamental a la hora de discernir la manifestación y la perturbación de las interacciones arquetípicas, lo que pone de relieve la necesidad de un enfoque holístico para la sanación psicológica.

El Yo y su función integradora en la individuación

1. El papel del Yo en la integración psicológica:

El Ser desempeña un papel fundamental en la integración psicológica, actuando como fuerza guía que armoniza los diversos componentes de la psique. Actúa como principio unificador, fomentando un sentido de coherencia y plenitud internas. A través del proceso de individuación, las personas emprenden un viaje transformador hacia la autorrealización, guiadas por la sabiduría inherente del Ser. Este proceso implica trascender los límites del ego e integrar elementos inconscientes en la conciencia, lo que conduce a una expresión más equilibrada y auténtica de la propia identidad.

Un aspecto fundamental de la función integradora del Ser reside en su capacidad para fomentar la alineación entre los procesos conscientes e inconscientes. Jung enfatizó la importancia de integrar los contenidos inconscientes, como las imágenes arquetípicas y las representaciones simbólicas, en la conciencia. Esta alineación facilita una comprensión más profunda de las dinámicas que operan en la psique, permitiendo a las personas confrontar y reconciliar elementos conflictivos. Al interactuar con el lenguaje simbólico del inconsciente, las personas adquieren conocimiento de sus profundos procesos internos, allanando el camino para el crecimiento y la transformación psicológica.

El simbolismo y las manifestaciones del Ser sirven como potentes expresiones de su función integradora. El Ser a menudo emerge en sueños, mitos y símbolos religiosos, encarnando imágenes arquetípicas que resuenan en distintas culturas y épocas. Estas manifestaciones proporcionan a las personas profundas representaciones simbólicas de plenitud y ofrecen vislumbres de las dimensiones trascendentes de la psique. Explorar estas expresiones simbólicas fomenta una conexión más profunda con el Ser y fomenta la integración de diversos elementos psíquicos, contribuyendo al equilibrio y la plenitud psicológica.

Distinguir el Ser del ego es esencial para comprender su papel en la integración psicológica. Si bien el ego representa el aspecto consciente de la personalidad, moldeado por influencias sociales y culturales, el Ser trasciende estas limitaciones, abarcando toda la gama de contenidos psíquicos. Reconocer la distinción entre el ego y el Ser permite a las personas emprender el proceso de individuación con claridad, reconociendo el potencial transformador inherente a la alineación con la sabiduría del Ser.

2. Alineación entre procesos conscientes e inconscientes:

Según Jung, el inconsciente ejerce una poderosa influencia en la experiencia consciente, moldeando pensamientos, emociones y comportamientos de maneras que a menudo no son inmediatamente evidentes. Esta esfera oculta de la psique contiene recuerdos reprimidos, conflictos no resueltos y potenciales latentes, todos los cuales pueden tener un profundo impacto en nuestra vida consciente. A medida que las personas progresan en el proceso de individuación, tienen la tarea de armonizar estos elementos inconscientes con su consciencia. Esta integración marca un hito importante en el desarrollo personal, permitiendo una existencia más armoniosa y equilibrada.

Lograr la alineación entre los procesos conscientes e inconscientes implica ahondar en las profundidades de la psique, confrontar los aspectos oscuros que han quedado relegados al inconsciente y reconocer su influencia en el comportamiento consciente. Mediante la introspección, el análisis de los sueños y la imaginación activa, las personas pueden comenzar a conectar estas dos dimensiones, fomentando una comprensión más profunda de su mundo interior y su impacto en la realidad externa. Al arrojar luz sobre el contenido del inconsciente, las personas pueden transformar aspectos renegados de sí mismas en fuentes de fortaleza y sabiduría. Este proceso no solo conduce a una mayor autoconciencia, sino que también empodera a las personas para vivir con autenticidad y tomar decisiones conscientes que se alinean con su verdadera naturaleza.

La alineación entre los procesos conscientes e inconscientes mejora la coherencia cognitiva y la regulación emocional. Al integrar los contenidos inconscientes, las personas adquieren una comprensión más completa de sus motivaciones, miedos y deseos, lo que facilita un enfoque más holístico para la toma de decisiones y la resolución de problemas. Esta mayor autoconciencia mitiga los conflictos internos y fomenta la resiliencia emocional, permitiendo a las personas afrontar los desafíos de la vida con mayor equilibrio. Además, la alineación de los procesos conscientes e inconscientes facilita la expresión creativa, ya que aprovecha la fuente de imágenes simbólicas y temas arquetípicos que residen en el inconsciente. Esta síntesis dinamiza las iniciativas artísticas, las exploraciones filosóficas y las búsquedas espirituales, enriqueciendo la experiencia individual de significado y propósito.

3. Simbolismo y manifestaciones del Ser:

En la psicología junguiana, el concepto del Yo se simboliza a menudo de diversas formas en diferentes culturas y contextos históricos. Las manifestaciones del Yo son diversas y pueden encontrarse en símbolos religiosos, figuras mitológicas, sueños y expresiones artísticas individuales. Estos símbolos sirven de puente entre el ego consciente y el inconsciente, facilitando el desarrollo del proceso de individuación a través del simbolismo.

Una manifestación común del ser es el mandala, un símbolo circular que representa la totalidad y la unidad del ser. Los patrones y diseños geométricos del mandala reflejan la complejidad y la armonía de la psique. La creación de mandalas, ya sea mediante el arte o la meditación, se ha propuesto como una herramienta transformadora para integrar elementos inconscientes con la consciencia.

Otra manifestación significativa del Yo se encuentra en la iconografía religiosa, como el concepto del Yo superior en las filosofías orientales o la imagen de Cristo como símbolo de trascendencia y unidad espiritual en el cristianismo. Estos símbolos proporcionan a las personas representaciones que pueden guiarlas hacia una comprensión más profunda del Yo y su conexión con el inconsciente colectivo.

Los sueños también son una rica fuente de manifestaciones simbólicas del Yo. Jung enfatizó la importancia de analizar los símbolos oníricos para descubrir aspectos inconscientes del Yo. Las imágenes simbólicas en los sueños, como una figura divina o una fuerza guía central, a menudo representan la presencia del Yo y ofrecen valiosas perspectivas sobre el camino de autorrealización de una persona.

La expresión artística, incluyendo la literatura, las artes visuales y la música, a menudo sirve como vehículo para transmitir las manifestaciones del Yo. A través de la creatividad, las personas pueden acceder a las profundidades del inconsciente y generar representaciones simbólicas del Yo, facilitando así la integración de los contenidos inconscientes en la conciencia.

4. El viaje de la autorrealización:

El camino hacia la autorrealización enfatiza la búsqueda de la integración de los aspectos fragmentados de la psique para alcanzar la plenitud personal. Este proceso transformador implica profundizar en las dimensiones internas del inconsciente, explorar las manifestaciones simbólicas del Yo y comprender la dinámica del proceso de individuación. A medida que las personas se embarcan en esta profunda odisea, se encuentran con imágenes y símbolos arquetípicos que reflejan el potencial de crecimiento y transformación de la psique. Estos símbolos sirven como guías, iluminando el camino hacia la autorrealización y facilitando la integración de los contenidos inconscientes con la consciencia. El camino hacia la autorrealización no es una mera progresión lineal, sino un proceso cíclico y no lineal, marcado por periodos de agitación, crisis y renovación. Exige la voluntad del individuo de confrontar sus aspectos oscuros, abrazar su mito personal y gestionar las complejidades del inconsciente colectivo. Además, la autorrealización implica reconocer la interconexión entre la psique personal y la colectiva, reconociendo los patrones arquetípicos que sustentan las experiencias humanas. A lo largo de este viaje transformador, las personas son llamadas a desenterrar las profundidades de su ser, desenredando capas de condicionamiento, influencias sociales y narrativas heredadas para revelar la auténtica esencia del Yo. El camino hacia la autorrealización a menudo se desarrolla a través de varias etapas, que abarcan la autorreflexión, la introspección y la catarsis emocional. Requiere una exploración exhaustiva de las propias creencias, valores y aspiraciones, así como un examen de las preguntas existenciales que impregnan la existencia humana. Además, el proceso de autorrealización invita a las personas a cultivar una relación armoniosa entre su ego consciente y los aspectos trascendentes del Yo. Al sintonizar con las inquietudes internas de la psique, las personas pueden obtener una comprensión profunda de su potencial y propósito innatos, lo que las impulsa hacia una forma de ser más auténtica y plena. Finalmente, el camino hacia la autorrealización culmina en el logro de la plenitud psicológica, donde las personas integran los diversos aspectos del Yo, aceptan su singularidad y encarnan una sensación de plenitud.

5. El Yo contra el ego:

La diferenciación entre el Yo y el ego es un concepto central en la psicología junguiana. El ego representa nuestra identidad consciente, abarcando nuestros pensamientos, sentimientos y experiencias personales de las que somos conscientes. Actúa como interfaz con el mundo exterior, permitiéndonos desenvolvernos en sociedad e interactuar con los demás. Por otro lado, el Yo, según Jung, encarna la totalidad de la psique, incluyendo tanto los aspectos conscientes como los inconscientes. Es el arquetipo central que sirve de modelo para nuestra potencial plenitud e integración. Distinguir entre el Yo y el ego requiere una exploración profunda de las diversas capas de la psique. El ego tiende a operar dentro de la esfera de la individualidad y la identidad personal, a menudo impulsado por las expectativas sociales y el condicionamiento cultural. En cambio, el Yo trasciende las fronteras individuales y nos conecta con el inconsciente colectivo y los arquetipos universales. Comprender esta distinción es esencial para iniciar el camino hacia la autorrealización y alcanzar la plenitud psicológica. El ego a menudo busca la validación externa, buscando reconocimiento y afirmación en el mundo exterior. En comparación, el Yo opera desde un lugar de sabiduría interior y autenticidad, guiándonos hacia la realización de nuestro verdadero potencial y propósito. Reconocer la dinámica entre el Yo y el ego permite a las personas gestionar las complejidades de su mundo interior, fomentando una relación armoniosa entre los aspectos conscientes e inconscientes de la psique. Sin reconocer e integrar el Yo en nuestra consciencia, las personas pueden experimentar sentimientos de vacío, desconexión y falta de propósito. A medida que se profundiza en la comprensión del Yo y su distinción del ego, el proceso de individuación se vuelve más alcanzable, lo que conduce a un viaje transformador de autodescubrimiento e integración. Abrazar el Yo implica confrontar los aspectos oscuros de la psique, aceptar la vulnerabilidad y recuperar los elementos del Yo que se han repudiado.

Dinámica del Conflicto Interno - Equilibrio entre el Ego y el Yo:

1. ¿Qué es el Ego?

El ego actúa como centro de la mente consciente y es responsable de la toma de decisiones, los procesos de pensamiento racional y el sentido de identidad. Actúa como mediador entre el entorno externo del individuo y los impulsos innatos que emanan del inconsciente. En esencia, el ego funciona como un filtro, procesando y organizando las percepciones para garantizar la adaptación y la supervivencia en el mundo exterior.

El ego es responsable de formular una narrativa coherente de las experiencias de un individuo, contribuyendo así a la construcción de la identidad personal. Esta narrativa está profundamente entrelazada con la percepción del Yo del individuo y proporciona un marco a través del cual percibe e interpreta el mundo. Sin embargo, es fundamental señalar que la percepción que el ego tiene de sí mismo puede verse influenciada por factores culturales y sociales, que pueden moldear la comprensión que uno tiene de su identidad y su lugar en el mundo.

El ego opera con base en el principio de la realidad, tomando decisiones que se alinean con las exigencias y normas del entorno externo. Busca constantemente mantener un equilibrio entre los deseos internos y las limitaciones externas, a menudo... Gestionar la dinámica entre las necesidades personales y las expectativas sociales. Esta negociación entre el individuo y el mundo exterior sienta las bases para el desarrollo de la personalidad y el carácter.

Además, el ego exhibe características distintivas, como su capacidad para adaptarse a circunstancias cambiantes, procesar información mediante el razonamiento consciente y mantener un sentido coherente del Yo. También es susceptible a las influencias del inconsciente colectivo, donde las fuerzas arquetípicas moldean e influyen en sus funciones, lo que a menudo genera conflictos y oportunidades de crecimiento.

2. Tensiones entre el ego y el Yo:

La interacción entre el ego y el Yo constituye el eje central de la psicología junguiana. En el centro de esta interacción reside la tensión que surge de los opuestos inherentes que ambos representan. El ego, que representa nuestra identidad consciente y nuestros procesos de pensamiento racionales, busca constantemente mantener el control, la seguridad y un sentido de individualidad. Por otro lado, el Yo abarca la totalidad psíquica, incluyendo elementos conscientes e inconscientes, en busca de la plenitud y la integración. Esta dualidad intrínseca da lugar a profundos conflictos en la psique del individuo, que se manifiestan como una lucha por el dominio y el equilibrio.

Para el análisis de estas tensiones es fundamental el concepto de individuación: el proceso de integrar aspectos dispares de la personalidad para lograr un todo unificado. El ego, a menudo impulsado por las exigencias sociales y las influencias externas, mantiene una postura defensiva ante la persistente demanda del Yo de autenticidad y autorrealización. Esto conduce a un profundo conflicto interno, donde el deseo de estabilidad y seguridad de la mente consciente choca con el impulso innato del Yo de crecimiento y transformación. Además, la identificación del ego con las normas y los constructos sociales a menudo se opone a la inclinación del Yo a aceptar la profundidad del inconsciente y reconocer los aspectos ocultos de la psique.

Las tensiones entre el ego y el Yo se ven exacerbadas por la naturaleza dinámica de su relación. Mientras el Yo comunica continuamente sus percepciones y mensajes mediante símbolos, sueños e intuiciones, el ego se encarga de interpretar e incorporar estas señales a la conciencia. Este proceso puede generar resistencia y negación por parte del ego, temiendo la disolución de su identidad y sus marcos cognitivos establecidos. En consecuencia, el ego suele recurrir a la racionalización, la proyección y otros mecanismos de defensa para protegerse de las exigencias transformadoras del Yo. Sin embargo, estas maniobras defensivas solo sirven para intensificar las tensiones subyacentes, obstaculizando el progreso del individuo hacia la plenitud.

La resolución de estas tensiones requiere un enfoque delicado y matizado, que implica el reconocimiento y la aceptación de las perspectivas tanto egoicas como egocéntricas. Esto exige fomentar un diálogo consciente entre el ego y el Yo, facilitando una negociación continua donde cada aspecto contribuya al desarrollo psicológico del individuo.

3. Mecanismos de defensa psicológica:

Los mecanismos de defensa psicológicos son elementos cruciales para comprender la dinámica del conflicto interno, según lo propone la psicología junguiana. Estos mecanismos sirven como estrategias adaptativas que emplea el ego para protegerse de la ansiedad y mantener una apariencia de equilibrio psicológico. Comprender estos mecanismos de defensa proporciona una perspectiva sobre cómo las personas afrontan los conflictos internos entre el ego y el Yo. Uno de los principales mecanismos de defensa es la represión, mediante la cual los pensamientos, emociones o impulsos que la mente consciente considera inaceptables o amenazantes se relegan al inconsciente. Este proceso protege al ego de ser abrumado por contenido perturbador y, en consecuencia, mantiene una sensación de estabilidad. La proyección es otro mecanismo de defensa fundamental, mediante el cual las personas atribuyen sus propios pensamientos, sentimientos o impulsos no deseados a otros, evitando así la confrontación directa con sus conflictos internos. La racionalización implica justificar las propias acciones o emociones de una manera que parezca lógica y socialmente aceptable, protegiendo así a la persona de la incomodidad asociada con creencias o deseos conflictivos. En el contexto del conflicto interno, estos mecanismos de defensa se manifiestan como herramientas que utiliza el ego para mitigar el impacto perturbador de las demandas del Yo de crecimiento e integración. Además, el desplazamiento actúa como un mecanismo de defensa fundamental, permitiendo al individuo redirigir sus impulsos emocionales desde una fuente original, posiblemente intimidante, hacia un objetivo menos confrontativo o más seguro. Esta modulación ayuda a prevenir la posible destrucción de los límites establecidos por el ego, permitiendo mantener una apariencia de estabilidad. Como el propio Jung enfatizó, la conciencia de estos mecanismos es crucial, ya que facilita la individuación, el proceso mediante el cual el individuo busca lograr una relación armoniosa entre el ego y el Yo. Reconocer y abordar estos mecanismos de defensa es fundamental para trascender los conflictos internos y fomentar el desarrollo psicológico holístico.

4. El papel de la sombra en los conflictos internos:

El concepto de sombra, propuesto por Carl Jung, representa los aspectos reprimidos o subdesarrollados de la personalidad de un individuo, que a menudo se consideran negativos, indeseables o socialmente inaceptables. Estos aspectos pueden incluir, entre otros, los miedos, las inseguridades y los traumas no resueltos. En el contexto de los conflictos internos, la sombra ejerce una profunda influencia en los pensamientos, las emociones y el comportamiento del individuo. Es crucial reconocer que la sombra no es inherentemente malévola; más bien, refleja los componentes no reconocidos de la psique.

Si no se reconoce ni se aborda, la sombra puede manifestarse como proyecciones sobre los demás o conducir a patrones de autosabotaje. Además, el choque entre el ego consciente y los elementos reprimidos de la sombra suele desencadenar agitación y disonancia internas. Comprender el papel de la sombra en los conflictos internos implica reconocer su potencial para perturbar la armonía psíquica y obstaculizar el desarrollo personal.

Es esencial integrar la sombra en la consciencia mediante un proceso de introspección, reflexión y autoaceptación. Aceptar la sombra implica confrontar y asimilar su contenido en la totalidad de la psique, promoviendo así la armonía interior. Integrar la sombra facilita la reconciliación de fuerzas internas conflictivas, contribuyendo a un sentido de identidad más equilibrado y auténtico. Esta integración puede ser un proceso transformador marcado por una mayor autoconciencia, resiliencia emocional y crecimiento personal.

En entornos psicoterapéuticos, explorar la sombra implica crear un entorno seguro y enriquecedor para que las personas confronten sus aspectos ocultos abiertamente y sin juicios. Al dialogar con la sombra, las personas pueden revelar patrones inconscientes, conflictos no resueltos y emociones reprimidas, fomentando una comprensión más profunda de su mundo interior. A medida que las personas aceptan su sombra, pueden progresar hacia un estado de ser más congruente y empoderado, aliviando las tensiones internas que surgen de la dicotomía entre el ego y la sombra.

5. La integración del ego y el Yo:

El camino hacia la plenitud implica una profunda comprensión de la interacción entre los aspectos conscientes e inconscientes de la psique. Al embarcarse en este camino transformador, las personas se enfrentan a los conflictos y paradojas inherentes que surgen de la coexistencia del ego y el Yo. En esencia, el desarrollo holístico culmina en la integración armoniosa de estos dos elementos fundamentales, fomentando un estado de equilibrio interior y autorrealización.

Para la integración del ego y el Yo es fundamental reconocer la sombra, un aspecto del inconsciente que encarna rasgos y emociones reprimidos o rechazados. Aceptar la sombra implica confrontar y asimilar estas facetas reprimidas, reconciliando así los elementos conflictivos de la psique. Mediante este proceso, las personas alcanzan una conciencia más completa de su panorama psicológico, allanando el camino hacia una auténtica autoaceptación y autenticidad.

Además, el desarrollo holístico requiere la exploración de los patrones arquetípicos que se manifiestan en la psique individual. Estos símbolos universales tienen una profunda importancia en la configuración de las experiencias, comportamientos y percepciones de cada individuo. Al interactuar con estas fuerzas arquetípicas, las personas comprenden la profunda conexión entre el desarrollo personal y las experiencias humanas colectivas, fomentando así un sentido más profundo de propósito y significado.

Un aspecto crucial de la integración del ego y el Yo gira en torno al cultivo de la autoconciencia y la introspección. Practicar prácticas como la meditación, el diario y la contemplación reflexiva permite a las personas ahondar en las profundidades de su psique, fomentando una mayor comprensión de las dinámicas que operan en su interior. Este viaje introspectivo sirve como catalizador para aceptar e integrar los aspectos multifacéticos del ego y el Yo, lo que finalmente conduce a un sentido de identidad más cohesivo e integrado.

Inherente al proceso de desarrollo holístico es la importancia de las intervenciones terapéuticas que facilitan la reconciliación y la unificación del ego y el Yo. Los enfoques psicoterapéuticos, como el análisis junguiano, ofrecen a las personas un marco de apoyo para profundizar en sus conflictos internos e integrar los distintos aspectos de su psique. Con la guía de un terapeuta experto, las personas emprenden un camino transformador hacia la armonía interior y la autointegración, superando las limitaciones impuestas por conflictos internos no resueltos.

6. Enfoques terapéuticos para la resolución de conflictos internos:

Los enfoques terapéuticos para la resolución de conflictos internos se basan en la comprensión de la compleja interacción entre el ego y el Yo en la psique individual. El proceso de integrar las fuerzas, a menudo opuestas, del ego y el Yo requiere un enfoque multidimensional que se basa en diversas teorías y prácticas psicológicas.

Una de las estrategias terapéuticas fundamentales para resolver conflictos internos es el psicoanálisis, que ofrece una exploración profunda del inconsciente y su influencia en el comportamiento y las emociones de la persona. Al ahondar en las capas ocultas de la psique, las personas pueden comprender mejor sus luchas internas y comenzar a trabajar para lograr un equilibrio armonioso entre su ego y su yo.

Además, la terapia cognitivo-conductual (TCC) ofrece técnicas prácticas para ayudar a las personas a identificar y abordar patrones de pensamiento y comportamientos desadaptativos asociados con el conflicto interno. A través de la TCC, las personas pueden desarrollar mecanismos de afrontamiento y respuestas constructivas para gestionar los desafíos que presentan los aspectos conflictivos de su psique.

Los enfoques basados en la atención plena, como la meditación consciente y la terapia de aceptación y compromiso (ACT), desempeñan un papel fundamental en el abordaje de los conflictos internos, fomentando la autoconciencia y promoviendo la experiencia del momento presente. Estas técnicas permiten a las personas observar sus pensamientos y sentimientos sin juzgarlos, lo que les permite una mayor claridad y aceptación de su conflicto interno.

Otra valiosa modalidad terapéutica para resolver conflictos internos es la terapia psicodinámica, que se centra en explorar cómo las experiencias pasadas y los conflictos emocionales no resueltos impactan el estado de ánimo actual de una persona. Al descubrir las causas subyacentes de la tensión interna, las personas pueden obtener una comprensión más profunda y facilitar la integración de su ego y su yo.

Las terapias humanístico-existenciales, incluyendo la terapia centrada en la persona y la terapia existencial, enfatizan la exploración del Yo auténtico del individuo y la búsqueda de significado y propósito. Estos enfoques animan a las personas a profundizar en sus dilemas existenciales y a confrontar su esencia, ofreciendo profundas perspectivas para resolver conflictos internos.

La identidad en el contexto de la teoría junguiana

1. Contexto histórico y evolución de los conceptos de identidad:

El concepto de identidad ha sido objeto de inmenso interés a lo largo de la historia de la humanidad, y su importancia ha evolucionado con el tiempo. Su trayectoria histórica se remonta a antiguas tradiciones filosóficas y religiosas, donde se exploraron las nociones de autorrealización, individuación e integración de la psique. Estas primeras exploraciones sentaron las bases para la conceptualización de la identidad como un constructo complejo y multifacético. Además, el surgimiento de las teorías psicológicas a finales del siglo XIX y principios del XX, en particular las obras de pioneros como Sigmund Freud y Carl Jung, aportaron nuevas dimensiones a la comprensión de la identidad. Durante este período, el enfoque se desplazó hacia el inconsciente y el papel de los arquetipos en la configuración de la identidad individual. A medida que la psicología continuó avanzando, la influencia de los factores socioculturales en la formación de la identidad se convirtió en un área de estudio destacada. El impacto de los acontecimientos históricos, las normas sociales y las narrativas culturales en la construcción de la identidad personal y colectiva añadió profundidad al discurso. Además, la era posmoderna presenció una reevaluación de la identidad a raíz de la globalización, los avances tecnológicos y la diversidad de intercambios culturales. Esto condujo a un mayor énfasis en la fluidez y la multiplicidad de las identidades, desafiando las visiones tradicionales de un yo unitario y estable. En la época contemporánea, la evolución de los conceptos de identidad continúa siendo moldeada por los continuos cambios sociales, políticos y tecnológicos, lo que presenta nuevas complejidades y oportunidades de exploración.

2. La identidad a través de la lente junguiana:

Desde una perspectiva junguiana, la noción de identidad no se limita simplemente a rasgos individuales o roles externos, sino que se extiende a la red del inconsciente colectivo y los patrones arquetípicos que configuran la propia percepción del Yo. Según Jung, la identidad de un individuo se configura mediante una compleja interacción de experiencias conscientes, conflictos no resueltos y manifestaciones del inconsciente, que actúan en conjunto para influir en las percepciones, los comportamientos y las relaciones del individuo. Un aspecto central del enfoque de Jung es el reconocimiento de la naturaleza multifacética de la identidad, que trasciende los límites de la racionalidad y abarca los aspectos enigmáticos de la existencia humana. Esta perspectiva holística postula que el autodescubrimiento y la comprensión genuinos requieren ahondar en las profundidades del inconsciente, donde residen las emociones reprimidas, los deseos no reconocidos y los recuerdos olvidados. Además, Jung enfatiza la naturaleza dinámica y evolutiva de la identidad, afirmando que esta se configura no solo por la historia personal de cada individuo, sino también por las narrativas, símbolos y mitos colectivos que permean el tejido cultural y social. Desentrañar las capas de la identidad en el paradigma junguiano implica... Explorando los dominios de los arquetipos, las representaciones simbólicas y la búsqueda constante de integración y plenitud. En este contexto, la identidad personal se vincula con los temas y patrones universales que han resonado a lo largo de la historia de la humanidad, trascendiendo fronteras temporales y espaciales. El profundo impacto de las teorías de Jung sobre la identidad se manifiesta en su capacidad para proporcionar un marco integral para comprender las complejidades inherentes a la naturaleza humana y la rica diversidad de identidades individuales y colectivas. Desde la perspectiva de la psicología junguiana, el camino hacia la autorrealización y la identidad auténtica implica aceptar las paradojas, contradicciones y potenciales latentes en la psique, lo que conduce a una apreciación más profunda de la interconexión de todas las dimensiones del Yo y la experiencia humana en general.

3. Formación y transformación de la identidad en la teoría junguiana:

Según Jung, la identidad no es fija ni estática, sino un proceso dinámico que se desarrolla a lo largo de la vida. La idea de individuación es central en la teoría junguiana, y se refiere al viaje que dura toda la vida hacia la plenitud y la autorrealización. La individuación abarca la integración de diversos aspectos de la psique, incluyendo tanto el inconsciente personal como el colectivo, lo que conduce al surgimiento de una identidad más completa y auténtica. Este proceso de individuación implica confrontar y reconciliar las diferentes fuerzas arquetípicas dentro del inconsciente, fomentando así el crecimiento y la transformación psicológica. Jung creía que no abordar estos conflictos psicológicos profundamente arraigados podía conducir a una identidad fragmentada y a un malestar psicológico. Otro aspecto clave de la formación de la identidad en la teoría junguiana es el papel de la persona, o la máscara social que los individuos presentan al mundo exterior. La persona sirve como una adaptación necesaria a las normas y expectativas sociales, pero también puede oscurecer el verdadero yo, lo que hace esencial que los individuos diferencien entre su persona social y su identidad auténtica. Además, la exploración de la sombra, que representa los aspectos ocultos y reprimidos de la personalidad, es fundamental para comprender la transformación de la identidad. Abrazar e integrar la sombra es fundamental para lograr una mayor autoconciencia y equilibrio psicológico. A través del proceso de interacción con la sombra, las personas pueden desentrañar conflictos internos y reconocer la complejidad de su identidad, allanando el camino para el crecimiento y la transformación personal. Asimismo, la interacción dinámica entre el Ánima y el Ánimus, que representan los aspectos femenino y masculino de la psique, desempeña un papel fundamental en el desarrollo de la identidad. Comprender e integrar estas polaridades puede conducir a una percepción del Yo más equilibrada y armoniosa. La transformación de la identidad, según la teoría junguiana, anima a las personas a explorar las capas más profundas de su psique, confrontar las dicotomías internas y buscar la armonía entre los aspectos conflictivos de su identidad.

4. Comparación con las visiones freudianas sobre la identidad:

Si bien tanto Jung como Freud han influido significativamente en la comprensión de la identidad humana, sus perspectivas divergen en varios aspectos cruciales. La conceptualización de Freud de la psique gira en torno al ello, el Yo y el superyó, donde enfatiza el papel del inconsciente en la formación de la personalidad. En contraste, el enfoque de Jung en el inconsciente colectivo, los arquetipos y la individuación presenta un paradigma diferente para comprender la identidad.

Una de las disparidades fundamentales entre ambos teóricos reside en su interpretación del inconsciente. Freud postuló que el inconsciente es principalmente el depósito de deseos reprimidos y experiencias traumáticas, que rigen el comportamiento y los procesos mentales individuales. Por otro lado, Jung amplió la noción del inconsciente para abarcar no solo las experiencias personales, sino también los símbolos y patrones heredados compartidos por toda la humanidad: el inconsciente colectivo. Esta perspectiva más amplia sugiere una comprensión más universal de la formación de la identidad, que va más allá de los conflictos personales e incorpora símbolos arquetípicos que resuenan en distintas culturas y épocas.

El énfasis de Freud en el complejo de Edipo como determinante crítico del desarrollo de la identidad difiere del concepto de individuación de Jung. Mientras Freud enfatiza la resolución de conflictos internos arraigados en experiencias infantiles, Jung propone un proceso de autorrealización mediante la integración de los aspectos conscientes e inconscientes de la psique. Esta diferenciación revela vías contrastantes para abordar las luchas de identidad: el psicoanálisis freudiano se centra en la resolución de traumas pasados, mientras que la terapia junguiana se centra en aceptar e integrar los elementos inconscientes para alcanzar la plenitud.

Otro aspecto crucial de la diferenciación reside en la interpretación de los sueños y los símbolos. Freud consideraba los sueños como manifestaciones de cumplimiento de deseos arraigadas en deseos inconscientes, a menudo con connotaciones sexuales. En cambio, Jung consideraba los sueños y los símbolos como puertas de acceso al inconsciente colectivo, poblados de figuras y motivos arquetípicos que ofrecen una profunda comprensión del camino del individuo hacia el autodescubrimiento y la realización de su identidad.

5. El papel de los símbolos y los mitos en la comprensión de la identidad:

Los símbolos y los mitos desempeñan un papel fundamental en nuestra comprensión de la identidad personal y colectiva. En el ámbito de la psicología junguiana, los símbolos se consideran potentes portadores de significado que trascienden el pensamiento consciente y conectan a los individuos con arquetipos universales. Estos símbolos arquetípicos emergen del inconsciente colectivo y proporcionan un marco para comprender las capas profundas de la identidad humana.

La mitología, como depósito de narrativas y símbolos antiguos, ofrece valiosas perspectivas sobre la psique humana y su compleja relación con la identidad. Los mitos sirven como manifestaciones culturales de temas arquetípicos, reflejando patrones universales de la experiencia y el desarrollo humanos. A través del estudio de los mitos, las personas pueden comprender mejor el lenguaje simbólico que sustenta sus construcciones de identidad personal.

Jung enfatizó la importancia de los símbolos y mitos para desentrañar las complejidades de la psique humana y su búsqueda de individuación. Al analizar símbolos recurrentes y motivos mitológicos, las personas pueden embarcarse en un viaje introspectivo para desenterrar las capas más profundas de su propia identidad. Además, la exploración de símbolos y mitos sirve de puente entre los aspectos conscientes e inconscientes de la identidad, fomentando una mayor autoconciencia e integración.

La interpretación de símbolos y mitos no se limita a la introspección individual; también cobra relevancia en el contexto más amplio de la identidad social y la evolución cultural. A medida que las sociedades evolucionan, la reinterpretación y el resurgimiento de símbolos y mitos antiguos reflejan el esfuerzo colectivo por comprender el mundo cambiante y la experiencia humana subyacente. Las representaciones simbólicas, presentes en el arte, la literatura y los rituales, ofrecen un rico entramado a través del cual las identidades se expresan, reafirman y transforman.

En la sociedad contemporánea, el resurgimiento y la reinterpretación de símbolos y mitos antiguos siguen moldeando las narrativas de identidad y fomentando un sentido de pertenencia y conexión en diversos paisajes culturales. La integración de estos elementos simbólicos en las prácticas terapéuticas y las expresiones creativas ofrece vías para que las personas interactúen con la construcción de su identidad de manera significativa.

6. Crisis de identidad e integración psicológica

El concepto de crisis de identidad ha sido un punto central en el discurso psicológico, especialmente en el marco de la teoría junguiana. La crisis de identidad se refiere a un período de intenso conflicto interno y confusión respecto al autoconcepto, los valores y el rol en el mundo. En el contexto de la psicología junguiana, la crisis de identidad suele surgir cuando una persona experimenta discrepancias entre su identidad consciente del Yo y los aspectos inconscientes del Yo, incluyendo emociones, deseos e influencias arquetípicas reprimidas o no reconocidas.

La integración psicológica, según la teoría junguiana, es el proceso de reconciliar estos elementos conflictivos dentro de la psique para lograr un sentido de identidad cohesivo y auténtico. Esta integración implica explorar los aspectos oscuros de la personalidad, afrontar traumas no resueltos y reconocer la presencia de fuerzas arquetípicas en la configuración de la propia identidad. Al abordar estas facetas, las personas pueden emprender un camino transformador hacia la plenitud y el bienestar psicológico.

La manifestación de una crisis de identidad puede variar ampliamente, abarcando sentimientos de alienación, angustia existencial o una sensación generalizada de vacío interior. Estas experiencias suelen impulsar a las personas a buscar apoyo psicológico o intervención terapéutica para explorar las capas de su psique. La terapia de orientación junguiana proporciona un entorno propicio para que las personas interactúen con su material inconsciente, exploren las imágenes simbólicas presentes en sus sueños y examinen los patrones arquetípicos que influyen en la formación de su identidad.

Para el proceso de integración psicológica es crucial establecer una relación armoniosa entre el ego consciente y los aspectos más amplios del Yo. Esto implica reconocer e integrar la sombra: el depósito de impulsos reprimidos, miedos y potenciales no realizados. Mediante esta exploración, las personas pueden aceptar y trascender los conflictos que surgen de la tensión entre los opuestos, lo que conduce a un sentido de identidad más equilibrado y resiliente.

Además, el camino hacia la integración puede implicar la interacción con expresiones creativas, como el arte, la música o la literatura, como medio de representación simbólica y catarsis.

Estas modalidades ofrecen vías para acceder al inconsciente y expresar su contenido de forma tangible, contribuyendo así al proceso de transformación psicológica y consolidación de la identidad.

7. Implicaciones prácticas de las teorías de Jung sobre las cuestiones de identidad modernas:

El énfasis de Jung en la búsqueda individual de autodescubrimiento e integración proporciona un marco para gestionar la complejidad de los desafíos contemporáneos de la identidad. Una implicación práctica de la teoría junguiana reside en su aplicación para comprender y abordar las influencias culturales y sociales en la formación de la identidad. Al reconocer el impacto de las normas sociales, los medios de comunicación y la tecnología en la psique, las personas pueden comprender mejor cómo se configuran sus identidades y adoptar un enfoque más consciente hacia la autorrealización. Además, conceptos junguianos como los arquetipos y el inconsciente colectivo ofrecen una valiosa perspectiva sobre la universalidad de las experiencias humanas, trascendiendo las fronteras culturales y fomentando la empatía y la comprensión en sociedades diversas. Asimismo, el énfasis de Jung en la sombra y la integración de los aspectos reprimidos del Yo tiene profundas implicaciones para abordar los problemas de fragmentación de la identidad y conflicto interno en el mundo moderno. A través de prácticas terapéuticas basadas en los principios junguianos, las personas se empoderan para confrontar y reconciliarse con sus sombras, lo que conduce a un sentido de identidad más holístico y auténtico. Además, el concepto de individuación, fundamental en la teoría de Jung, proporciona una hoja de ruta para el crecimiento y la realización personal en una época marcada por rápidos cambios sociales e incertidumbre existencial. Al emprender el camino hacia la autorrealización y la realización personal, las personas pueden gestionar las crisis de identidad y encontrar sentido en un mundo en constante cambio. Desde una perspectiva clínica, la psicología junguiana ofrece herramientas prácticas para que los profesionales de la salud mental interactúen y apoyen a las personas que enfrentan desafíos relacionados con la identidad. Las modalidades terapéuticas basadas en los principios junguianos facilitan una exploración más profunda de la psique, permitiendo a las personas descubrir e integrar aspectos fragmentados de su yo. Al incorporar técnicas como el análisis de los sueños, la imaginación activa y el trabajo con símbolos, los terapeutas pueden guiar a los pacientes hacia una comprensión más profunda de sus identidades y contribuir al proceso de transformación y sanación. En conclusión, las implicaciones prácticas de las teorías de Jung sobre los problemas de identidad modernos son de gran alcance y ofrecen perspectivas e intervenciones invaluables para las personas, las comunidades y los profesionales de la salud mental. Al adoptar la riqueza y profundidad de la psicología junguiana, la sociedad está mejor equipada para gestionar las complejidades de la formación de la identidad contemporánea y fomentar una cultura de introspección, autenticidad y bienestar psicológico.

La dinámica de la transformación

1. El papel de los sueños en la transformación psicológica:

Los sueños se han considerado desde hace mucho tiempo como ventanas al inconsciente. Desde una perspectiva psicoanalítica, desempeñan un papel crucial en el proceso de transformación psicológica. Sigmund Freud se refirió a los sueños como la "vía real hacia el inconsciente", enfatizando su importancia para desentrañar deseos reprimidos, miedos y conflictos no resueltos. En el contexto de la psicología junguiana, los sueños se consideran expresiones simbólicas de imágenes arquetípicas e influencias inconscientes colectivas, proporcionando valiosas pistas para el autodescubrimiento y el crecimiento personal. Además, la investigación contemporánea en neurociencia y psicología cognitiva ha arrojado luz sobre los mecanismos fisiológicos y cognitivos que subyacen a la formación de los sueños y su posible impacto en el procesamiento emocional y la consolidación de la memoria. Por lo tanto, comprender el papel de los sueños en la transformación psicológica requiere una exploración holística que abarque las perspectivas psicoanalítica, junguiana y neurocientífica. Al explorar el papel de los sueños en la transformación psicológica, es esencial considerar la naturaleza simbólica de su contenido. La interpretación simbólica es fundamental para desentrañar los significados y mensajes subyacentes que se encuentran en los sueños. Desde una perspectiva psicoanalítica, los sueños se consideran manifestaciones de conflictos inconscientes, deseos y problemas no resueltos. Al profundizar en el simbolismo presente en los sueños, las personas pueden comprender mejor sus luchas psicodinámicas y explorar caminos hacia el cambio interior. Además, la psicología junguiana enfatiza la naturaleza colectiva de ciertos símbolos oníricos, destacando su relevancia para las experiencias humanas universales y los patrones arquetípicos presentes en el inconsciente colectivo. La naturaleza fluida y a menudo elusiva de las imágenes oníricas invita a las personas a la reflexión introspectiva y a emprender un viaje transformador de autodescubrimiento. Cabe destacar que la importancia de los sueños va más allá del mero simbolismo. La investigación neurocientífica ha revelado el papel de los sueños en el procesamiento emocional, la consolidación de la memoria y la resolución creativa de problemas. Durante la fase REM (sueño con movimientos oculares rápidos), cuando predominan los sueños, se activan las redes neuronales asociadas con la regulación emocional y la recuperación de la memoria, lo que facilita la integración de las experiencias emocionales y la consolidación del conocimiento recién adquirido. Esta base neurológica subraya el potencial de los sueños para catalizar la transformación psicológica al facilitar el procesamiento emocional adaptativo y promover la reestructuración cognitiva. Además, estudios han demostrado que el análisis de los sueños en entornos terapéuticos puede contribuir a una mayor autoconciencia, introspección y resolución emocional, fomentando así el bienestar psicológico y el crecimiento transformador. Por lo tanto, el papel de los sueños en la transformación psicológica trasciende el ámbito simbólico y la imaginación, abarcando una interacción multidimensional de procesos inconscientes.regulación emocional e integración cognitiva.

2. Interpretación simbólica - Caminos hacia el cambio interior:

La interpretación de símbolos ofrece un camino profundo hacia la transformación interior dentro del marco psicoanalítico. La interpretación simbólica profundiza en el subconsciente, sacando a la luz los significados y deseos ocultos que moldean la psique individual. En este proceso, los símbolos se consideran manifestaciones de contenido inconsciente, y su análisis se convierte en una poderosa herramienta para comprender y facilitar el cambio. El lenguaje simbólico de los sueños, las fantasías y las expresiones creativas proporciona un rico material para descubrir las profundidades de la mente humana. Mediante un análisis y una exploración minuciosos, estos símbolos ofrecen vías para acceder e integrar aspectos del Yo que se encuentran más allá de la conciencia.

Al realizar la interpretación simbólica, la atención no se centra únicamente en el significado literal del símbolo, sino en sus implicaciones asociativas y emocionales. Cada símbolo tiene un significado personal, influenciado por las experiencias únicas, el contexto cultural y los patrones arquetípicos de cada individuo. Al descifrar estos símbolos, las personas pueden comprender mejor sus conflictos no resueltos, sus necesidades insatisfechas y su potencial latente. Este proceso fomenta la autoconciencia y allana el camino para cambios significativos en el pensamiento, el comportamiento y las respuestas emocionales.

La interpretación simbólica sirve de puente entre las esferas consciente e inconsciente, permitiendo a las personas explorar su interior con profundidad y matices. Los símbolos a menudo actúan como mensajeros del inconsciente, transmitiendo mensajes que requieren atención e integración. Al acogerlos con curiosidad y apertura, las personas emprenden un viaje transformador, desentrañando capas de significado y fomentando el crecimiento psicológico. Este profundo trabajo introspectivo permite a las personas confrontar y resolver conflictos internos, lo que en última instancia conduce a una mayor sensación de plenitud y autenticidad.

La aplicación terapéutica de la interpretación simbólica tiene un inmenso valor en el contexto del psicoanálisis. Al dialogar con analistas capacitados, las personas pueden explorar las múltiples dimensiones de su contenido simbólico, adquiriendo nuevas perspectivas y replanteando sus experiencias vividas. Juntos, el analista y la persona desentrañan colaborativamente el lenguaje simbólico, desvelando las complejidades del inconsciente para facilitar la sanación y la evolución. Esta exploración colaborativa fomenta la confianza, la empatía y la comprensión, creando un entorno propicio para que las personas se embarquen en caminos transformadores.

3. Mecanismos subyacentes a los cambios psicodinámicos:

Los cambios psicodinámicos se refieren a los complejos procesos que ocurren en la psique de un individuo y que provocan cambios significativos en los patrones de pensamiento, las emociones, los comportamientos y el bienestar psicológico general. Estos cambios tienen su raíz en las capas más profundas del inconsciente y se ven influenciados por numerosos factores, como experiencias pasadas, conflictos internos e impulsos innatos. Comprender los mecanismos subyacentes a estos procesos transformadores es crucial para los psicoanalistas y las personas que buscan el crecimiento personal y la autoconciencia.

En el centro de los cambios psicodinámicos se encuentra el concepto de recuerdos y deseos reprimidos. La teoría del inconsciente de Sigmund Freud postula que las experiencias traumáticas y los conflictos no resueltos se relegan al inconsciente, donde continúan influyendo en los pensamientos y comportamientos del individuo. Mediante una intervención terapéutica especializada, estos elementos reprimidos pueden ser llevados a la consciencia, iniciando un cambio fundamental en la percepción y la comprensión. Este proceso, conocido como catarsis, permite a las personas liberar emociones reprimidas y comprender mejor su funcionamiento interno, allanando el camino para la sanación y la transformación psicológica.

Otro mecanismo esencial es el papel de los mecanismos de defensa en la configuración de los cambios psicodinámicos. Ante pensamientos y emociones amenazantes o angustiosos, las personas suelen emplear diversos mecanismos de defensa para protegerse del daño psicológico. Estas defensas, como la represión, la negación y la proyección, sirven como escudos contra los estímulos que provocan ansiedad, pero también pueden obstaculizar el crecimiento personal y dificultar la autoexpresión auténtica. Reconocer y desmantelar estos mecanismos de defensa mediante terapia puede conducir a cambios profundos en la percepción y el comportamiento, fomentando la madurez emocional y una mayor resiliencia.

El surgimiento de dinámicas de transferencia y contratransferencia en la relación terapéutica desempeña un papel fundamental en la catalización de cambios psicodinámicos. La transferencia ocurre cuando los pacientes proyectan inconscientemente sentimientos y actitudes en sus terapeutas basándose en experiencias pasadas, mientras que la contratransferencia se refiere a la respuesta emocional del terapeuta hacia el paciente. Al explorar y gestionar estas complejas dinámicas relacionales, las personas pueden profundizar en sus patrones interpersonales y conflictos no resueltos, impulsando así un cambio transformador.

Además, la integración de nuevas perspectivas y conocimientos mediante el análisis de los sueños y la imaginación activa actúa como potente catalizador de cambios psicodinámicos. El lenguaje simbólico expresado en sueños y fantasías contiene información valiosa sobre los procesos inconscientes de una persona. Interactuar con estos símbolos e interpretarlos puede desentrañar barreras psicológicas profundamente arraigadas y abrir caminos para un profundo crecimiento y transformación personal.

4. Ego versus Yo - Influencias en el crecimiento personal:

La interacción entre el ego y el Yo desempeña un papel fundamental en el proceso de crecimiento personal y transformación psicológica. El ego, según el psicoanálisis freudiano, representa el aspecto consciente de la propia identidad que interactúa con el mundo exterior. Es responsable de mediar entre los deseos internos, las normas sociales y la realidad. En contraste, el Yo, un concepto central en la psicología junguiana, abarca la totalidad de la psique, incluyendo elementos tanto conscientes como inconscientes. Comprender la relación dinámica entre estos dos constructos ofrece una profunda comprensión de los mecanismos que impulsan el desarrollo personal y la individuación. El ego, impulsado por la búsqueda de deseos individuales y la necesidad de validación social, a menudo entra en conflicto con el Yo, que busca la plenitud y la integración de los aspectos inconscientes. Este conflicto representa una coyuntura crítica para el crecimiento personal, ya que las personas gestionan la tensión entre perseguir sus aspiraciones egocéntricas y buscar la alineación con su yo más profundo y auténtico. Además, el eje ego-Ser influye en la capacidad individual de autorreflexión, resiliencia ante la adversidad y apertura a experiencias transformadoras. Un equilibrio armonioso entre estas fuerzas fomenta el bienestar psicológico y promueve el surgimiento de un ser más integrado y auténtico. A lo largo de la historia, la literatura, la mitología y las escrituras religiosas han representado narrativas que simbolizan la eterna lucha entre los deseos egoicos y la trascendencia del Yo. Al explorar estos temas arquetípicos, las personas pueden obtener una comprensión profunda de sus propios conflictos internos y del potencial transformador inherente a dichas luchas. Además, los enfoques psicoterapéuticos a menudo se centran en la integración del ego y el Yo, con el objetivo de facilitar el camino del individuo hacia la plenitud y la autenticidad. Técnicas como el análisis de los sueños, la imaginación activa y la exploración de motivos arquetípicos sirven para cerrar la brecha entre las demandas conscientes del ego y la sabiduría inconsciente del Yo.

5. Marcos junguianos y procesos transformadores:

En los marcos junguianos, los procesos de transformación se simbolizan y facilitan mediante la exploración de arquetipos. Los arquetipos, patrones o motivos universales que residen en el inconsciente colectivo, proporcionan un marco para comprender la dinámica del crecimiento y la transformación personal. Estas imágenes arquetípicas se manifiestan en sueños, fantasías y mitos, y sirven de guía para las personas en sus caminos de transformación.

El proceso de transformación dentro del marco junguiano enfatiza la función trascendente, donde la mente consciente entabla un diálogo activo con el inconsciente. A través de este diálogo, se revelan los conflictos y contradicciones, lo que genera el potencial de crecimiento y transformación psicológica. Este proceso transformador a menudo implica confrontar e integrar aspectos del Yo, incluyendo la sombra, el Ánima/Ánimus y otras manifestaciones arquetípicas.

El concepto del «yo» como centro de la psique es fundamental en los procesos transformadores junguianos. El Yo representa el arquetipo de la plenitud y la integración, y el camino hacia la plenitud es la base del proceso transformador. Conectar con el Yo implica encontrar armonía y equilibrio entre los diversos elementos conflictivos de la psique, lo que finalmente conduce a un estado de equilibrio psicológico y plenitud individual.

Los procesos transformativos junguianos abarcan la idea de la imaginación activa, un método mediante el cual las personas interactúan activamente con su mundo simbólico interior. Al practicar la imaginación activa, las personas pueden acceder al poder transformador del inconsciente e iniciar un diálogo continuo entre el ego consciente y la psique inconsciente, facilitando así la integración de diversos contenidos psíquicos.

6. Etapas de la transformación:

La transformación es un proceso complejo que se desarrolla en distintas etapas, marcadas por importantes cambios psicológicos y reorganizaciones internas. Estas etapas proporcionan una hoja de ruta para que las personas tracen su camino hacia el crecimiento personal y la autorrealización.

La primera etapa suele caracterizarse por una profunda sensación de disonancia y desilusión con el estado actual de la persona. Esta inquietud sirve como catalizador para embarcarse en el camino de la transformación. Las personas pueden lidiar con sentimientos de inquietud, insatisfacción o anhelo de un significado más profundo, lo que las impulsa a explorar las causas subyacentes y los desencadenantes de esta agitación interna.

A medida que avanza el proceso, se desarrolla la segunda etapa, marcada por la introspección y la autoexploración. En ella, las personas se embarcan en una profunda exploración de su psique, confrontando heridas no resueltas, aspectos oscuros y emociones enterradas. Este paso arduo pero esencial implica despojarse de capas de condicionamiento e imposiciones sociales para revelar la esencia auténtica de su ser, fomentando una mayor autoconciencia.

La tercera etapa supone un momento crucial de revelación e iluminación, en el que las personas adquieren una profunda comprensión de su dinámica inconsciente y comienzan a identificar patrones arquetípicos que operan en su psique. Esta fase de despertar suele coincidir con epifanías, sueños simbólicos y sincronicidades que ofrecen vislumbres de la interconexión entre las dimensiones del inconsciente personal y colectivo.

Tras esta fase, la cuarta etapa encapsula la integración y reconciliación de las polaridades dentro del individuo. Abrazar las múltiples facetas del Yo, incluyendo los aspectos de sombra, empodera a las personas para trascender los conflictos internos y forjar un sentido de identidad cohesivo. Esta reconciliación crucial fomenta una fusión armoniosa de elementos divergentes, sentando las bases para la paz interior y la plenitud.

Finalmente, la quinta etapa anuncia la culminación de la transformación, caracterizada por el surgimiento de un individuo individualizado y autorrealizado. Impulsados por nuevas perspectivas integradoras, los individuos encarnan una síntesis equilibrada del ego y el Yo, trascendiendo los límites de las personalidades convencionales y adoptando una forma de ser más expansiva y auténtica. Esta transformación holística genera un profundo sentido de propósito, realización creativa y conexión espiritual, marcando la culminación del viaje transformador.

7. Técnicas terapéuticas que potencian la transformación:

Las técnicas terapéuticas desempeñan un papel fundamental para facilitar y potenciar el proceso de transformación psicológica en el contexto del psicoanálisis. Por otro lado, no existe una única técnica válida para todos, y los terapeutas suelen adaptar sus metodologías a las necesidades individuales y las evaluaciones clínicas.

Una de las técnicas terapéuticas fundamentales que contribuyen a la transformación es el uso de la imaginación activa. Según Carl Jung, la imaginación activa implica dialogar con elementos del inconsciente mediante la expresión creativa, como el dibujo, la pintura o la visualización guiada. Al interactuar activamente con el contenido de la psique, las personas pueden acceder a capas más profundas del inconsciente, fomentando así la comprensión transformadora y el autodescubrimiento.

Además, el análisis de sueños es otra herramienta potente para promover la transformación psicológica. Los terapeutas guían a las personas en la exploración del lenguaje simbólico de sus sueños, revelando patrones subconscientes y conflictos no resueltos. Integrar el trabajo con sueños en la terapia ofrece una vía única para que las personas accedan a su mundo interior, desentrañando significados ocultos y promoviendo profundos cambios de conciencia.

Otra técnica influyente es la práctica de la atención plena y la meditación. Al cultivar la consciencia del momento presente y la aceptación sin prejuicios, las personas pueden desarrollar una comprensión más profunda de sus pensamientos y emociones. Mediante la práctica de la atención plena, las personas adquieren la capacidad de observar sus experiencias internas sin apego, lo que facilita cambios transformadores en la percepción y el comportamiento.

El uso del psicodrama, un enfoque terapéutico que incorpora juegos de rol y representaciones dramáticas, ha sido fundamental para promover la transformación. Al externalizar los conflictos internos y las dinámicas interpersonales, las personas pueden vivir experiencias catárticas, adquirir mayor conciencia de sus patrones inherentes y lograr liberación emocional. Las intervenciones psicodramáticas brindan un espacio para que las personas reformulen sus narrativas y exploren perspectivas alternativas, contribuyendo así a un crecimiento transformador.

Las técnicas cognitivo-conductuales se emplean con frecuencia para facilitar la transformación, abordando patrones de pensamiento y comportamientos desadaptativos. La reestructuración cognitiva, la activación conductual y las terapias de exposición se aplican para desafiar y modificar creencias arraigadas, aliviar el malestar emocional y fomentar estrategias de afrontamiento adaptativas. Estas intervenciones basadas en la evidencia empoderan a las personas para liberarse de patrones arraigados y adoptar nuevas formas de pensar y actuar.

8. Desafíos y oportunidades en la búsqueda del cambio:

El cambio conlleva el riesgo inherente de incertidumbre, resistencia y miedo. A menudo, las personas se enfrentan a obstáculos internos y externos que impiden su progreso hacia el crecimiento interior. Es imperativo abordar estos desafíos y reconocer las oportunidades potenciales que se encuentran en su interior. Uno de los principales desafíos es enfrentar la resistencia desde la propia psique. Los patrones y mecanismos de defensa profundamente arraigados tienden a obstruir el camino hacia el cambio. Además, factores externos como las normas sociales, las expectativas familiares y las influencias culturales pueden representar barreras significativas para abrazar la transformación. Liberarse de estos complejos enredos requiere una comprensión profunda del Yo y un compromiso con el proceso de individuación. Además, el miedo a lo desconocido y la pérdida de las estructuras familiares pueden ser desalentadores, lo que genera reticencia a buscar el cambio. Por otro lado, dentro de estos desafíos, se encuentran abundantes oportunidades para el desarrollo y el crecimiento personal. Al afrontar y superar los desafíos, las personas tienen la oportunidad de cultivar la resiliencia, la fortaleza y la adaptabilidad. El proceso de transformación brinda a las personas la oportunidad de profundizar en su dinámica interna y descubrir un potencial inexplorado. Además, ofrece la posibilidad de renegociar la relación consigo mismas y con los demás, fomentando nuevas perspectivas y potenciando la inteligencia emocional. Al aceptar la incomodidad y las incertidumbres, las personas pueden abrirse a un profundo descubrimiento personal y al autoempoderamiento. En resumen, si bien la búsqueda del cambio conlleva enormes desafíos, también presenta numerosas oportunidades para que las personas amplíen su autoconciencia y evolucionen hacia una existencia más integrada y auténtica.

Integración – La armonización de la psique

1. Introducción a la Integración Junguiana:

Nuestra consciencia representa solo la punta del iceberg, ya que la mayor parte de la actividad mental ocurre en las profundidades ocultas del inconsciente. Esto incluye emociones reprimidas, recuerdos olvidados y potencial latente que espera ser desenterrado e integrado en la consciencia. La importancia de ahondar en el inconsciente reside en su capacidad para revelar las dinámicas subyacentes que influyen en nuestros pensamientos, sentimientos y comportamientos. Al comprender mejor estos aspectos ocultos, las personas pueden embarcarse en un viaje transformador hacia la plenitud y la autorrealización. Este esfuerzo a menudo conduce a una mayor autenticidad, resiliencia y una conexión más profunda con la propia verdad interior. El psicólogo junguiano Carl Jung creía que descubrir e integrar el material inconsciente es crucial para el crecimiento personal y el bienestar psicológico. Ofrece una vía para que las personas reconcilien su yo fragmentado y profundicen en la reserva de creatividad y sabiduría interior. La integración del inconsciente es, por lo tanto, fundamental para fomentar un sentido más profundo de propósito, significado y plenitud en la vida. Este proceso trasciende la mera reducción de síntomas o la resolución de problemas, y se extiende a una profunda reorientación de la relación del individuo consigo mismo, con los demás y con el mundo en general. Por ello, la noción de integración junguiana engloba no solo aplicaciones psicoterapéuticas, sino también implicaciones más amplias para el desarrollo individual y la evolución social.

2. Los mecanismos de integración:

La integración, entendida desde la perspectiva de la psicología junguiana, implica el proceso de armonizar y sintetizar los diversos elementos de la psique. En esencia, la integración busca conectar los aspectos conscientes e inconscientes de la mente individual, fomentando un sentido cohesivo del Yo y reduciendo el conflicto interno. Este proceso multifacético opera sobre varios mecanismos clave que es esencial comprender para emprender el camino hacia la plenitud psicológica.

Un mecanismo fundamental de integración es el reconocimiento y la exploración de la «sombra», un concepto introducido por Carl Jung para describir los aspectos reprimidos o negados de la personalidad. Al confrontar e integrar voluntariamente los aspectos de la sombra, las personas pueden alcanzar una comprensión más profunda de sí mismas, lo que conduce al crecimiento personal y la autorrealización.

El proceso de integración a menudo implica interactuar con arquetipos, que son símbolos y patrones universalmente presentes que residen en el inconsciente colectivo. Al reconocer e integrar estas energías arquetípicas, las personas pueden acceder a profundas perspectivas y a reservas de creatividad y sabiduría.

Un aspecto esencial de la integración reside en la interpretación de los sueños como ricas fuentes de simbolismo y significado. El análisis de los sueños sirve como una vía hacia el inconsciente, ofreciendo vislumbres de conflictos emocionales no resueltos, deseos inexplorados y aspectos no reconocidos del Yo. Al profundizar en el simbolismo de los sueños, las personas pueden discernir patrones subyacentes y descubrir potenciales latentes para la autointegración.

Además, integrar el inconsciente requiere un análisis profundo de las defensas y mecanismos de afrontamiento. Al identificar y desmantelar los mecanismos de defensa desadaptativos, las personas crean espacio para una experiencia más auténtica e integrada de sus emociones y experiencias. Abrirse a la vulnerabilidad y aceptar la autenticidad se convierte en un aspecto fundamental del proceso de integración.

La relación terapéutica desempeña un papel crucial en los mecanismos de integración. Un terapeuta experto proporciona un entorno enriquecedor y de apoyo para que las personas exploren sus profundidades inconscientes, examinen sus conflictos internos y trabajen hacia la reconciliación y la integración. La alianza terapéutica se convierte en un catalizador para transformar aspectos fragmentados del Yo en un todo integral y unificado.

3. Simbolismo en los sueños:

En el campo de la psicología junguiana, los sueños se consideran potentes puertas de entrada al inconsciente, ofreciendo profundas perspectivas sobre el funcionamiento más profundo de la psique. En el entramado de nuestros sueños se encuentran representaciones simbólicas que sirven como conductos para comprender e integrar el inconsciente. Jung enfatizó que los símbolos en los sueños no son meras imágenes aleatorias, sino manifestaciones significativas de emociones, experiencias y patrones arquetípicos subyacentes.

La interpretación del simbolismo onírico requiere una comprensión profunda del inconsciente personal y colectivo, donde residen los arquetipos e influyen en nuestras percepciones y comportamientos. Estos símbolos poseen una cualidad universal, trascienden las experiencias individuales y conectan con el reservorio compartido de imágenes primordiales de la humanidad. Al desvelar los simbolismos presentes en los sueños, las personas acceden al rico entramado de su propio subconsciente, arrojando luz sobre pensamientos reprimidos, conflictos sin resolver y deseos no reconocidos.

Los sueños suelen presentar narrativas alegóricas que reflejan el continuo viaje psicológico de una persona, aportando valiosas perspectivas sobre su crecimiento personal y su proceso de individuación. Interactuar con el simbolismo de los sueños permite a las personas explorar las profundidades de su inconsciente, fomentando la autoconciencia y facilitando la integración de elementos de la psique previamente ignorados. Al descifrar estos símbolos, se pueden discernir los hilos interconectados que se entrelazan entre las dimensiones consciente e inconsciente, iluminando las dinámicas que operan en la mente humana.

Reconocer el simbolismo de los sueños empodera a las personas a confrontar sus aspectos oscuros y abrazar la totalidad de su ser. Al profundizar en los motivos simbólicos que emergen durante el sueño, las personas pueden confrontar emociones reprimidas y facetas inexploradas del Yo, impulsando un trabajo interior transformador. Este proceso de interacción con el simbolismo onírico se alinea con el objetivo más amplio de la integración junguiana, donde el consciente y el inconsciente se unifican armoniosamente, fomentando la plenitud y la individuación.

4. Técnicas para facilitar la integración:

Integrar el inconsciente es un proceso delicado y complejo que requiere un enfoque multifacético. Se pueden emplear diversas técnicas para facilitar esta integración, cada una adaptada a la psique única de cada individuo. Una técnica eficaz es la imaginación activa, un método en el que las personas participan en una forma de fantasía consciente o diálogo interno con el contenido de su inconsciente. A través de la imaginación activa, las personas pueden traer material inconsciente a la consciencia, fomentando una comprensión e integración más profundas de su mundo interior. Otra técnica poderosa es el análisis de los sueños, donde el simbolismo y las narrativas dentro de los sueños se decodifican para revelar dinámicas y patrones inconscientes. Al explorar la rica imaginería de los sueños, las personas obtienen una comprensión de sus conflictos y deseos inconscientes, allanando el camino para la integración. Además, el diario y la autorreflexión son herramientas valiosas para integrar el inconsciente. A través de la escritura introspectiva y la contemplación, las personas pueden explorar sus pensamientos, emociones y experiencias internas, lo que conduce a una mayor conciencia y armonización de sus aspectos conscientes e inconscientes. Asimismo, la experiencia somática y las prácticas centradas en el cuerpo pueden ayudar a integrar el material inconsciente almacenado en el cuerpo. Técnicas como la atención plena, el Yoga y la respiración ofrecen vías para que las personas conecten con las tensiones y traumas inconscientes que se encuentran en el cuerpo y los liberen, promoviendo así la integración holística. Además, la expresión creativa, como la arteterapia, la musicoterapia y las actividades basadas en el movimiento, ofrece una vía para que el inconsciente se manifieste simbólicamente y se integre a través de medios no verbales, lo que permite una exploración más profunda del Yo interior. Finalmente, la psicoterapia y la terapia desempeñan un papel fundamental para facilitar la integración. La relación terapéutica proporciona un entorno de apoyo y seguridad para que las personas exploren su material inconsciente, adquieran perspectivas y superen los desafíos emocionales, contribuyendo así a la integración del inconsciente en la conciencia.

5. La relación terapéutica:

La relación terapéutica sienta las bases del camino individual hacia la plenitud y la autorrealización. En el marco junguiano, la relación terapeuta-cliente se considera un vehículo crucial para explorar, comprender y, en última instancia, integrar el material inconsciente. Un aspecto central de este concepto es el establecimiento de confianza y rapport, ya que el cliente debe sentirse seguro y a salvo para explorar y confrontar las profundidades de su psique. Mediante la comprensión empática y la escucha activa, el terapeuta crea un entorno de apoyo que fomenta la expresión del contenido inconsciente, facilitando así el proceso de integración.

Además de brindar un espacio seguro, el terapeuta actúa como un guía experto en el terreno del inconsciente. Basándose en la vasta riqueza de la teoría y la práctica junguianas, el terapeuta ofrece valiosas perspectivas sobre los patrones arquetípicos, el simbolismo onírico y el proceso de individuación, empoderando al cliente para gestionar las complejidades de su mundo interior con guía y sabiduría. A través de este proceso, la relación terapéutica se convierte en un intercambio dinámico donde el cliente adquiere autoconciencia y las herramientas necesarias para la integración, mientras el terapeuta observa el desarrollo de su singular camino hacia la plenitud.

La relación terapéutica funciona como un espejo, reflejando y aclarando aspectos de la psique del cliente que pueden estar ocultos o pasados por alto. Al brindar retroalimentación e interpretaciones, el terapeuta ayuda al cliente a obtener claridad y comprensión de su inconsciente, iluminando elementos ocultos y fomentando una comprensión más profunda de sí mismo. Este aspecto reflexivo de la relación terapéutica anima al cliente a afrontar el conflicto interno, aceptar aspectos del Yo que ha rechazado y trabajar hacia la unificación y la armonía mental.

La relación terapéutica se caracteriza por un profundo sentido de mutualidad y colaboración. Más que una interacción unilateral, la alianza terapéutica implica una exploración conjunta del paisaje interior del cliente, donde tanto el terapeuta como el cliente contribuyen al proceso de integración. El cliente expresa sus vivencias, sueños y fantasías, mientras que el terapeuta proporciona un marco para la interpretación y el análisis. Esta interacción colaborativa fomenta un sentido de empoderamiento en el cliente, permitiéndole participar activamente en su propia transformación psíquica.

6. Desafíos en el proceso de integración:

El proceso de integrar el inconsciente en la consciencia es, sin duda, una tarea profunda y transformadora, pero no está exenta de desafíos. Uno de los principales es la resistencia que manifiesta el ego, que a menudo percibe la integración del material inconsciente como una amenaza a sus identidades y defensas establecidas. Esta resistencia puede manifestarse como miedo, negación o una fuerte aversión a explorar aspectos desconocidos de la psique. Además, enfrentarse a la sombra —el depósito de emociones, deseos y experiencias reprimidas— puede provocar un intenso malestar y una profunda agitación emocional. El proceso de reconocer y aceptar estos aspectos más oscuros del Yo requiere una gran valentía y puede conducir a conflictos internos y trastornos emocionales. Otro desafío importante reside en descifrar las representaciones simbólicas presentes en los sueños y las fantasías. Interpretar estas manifestaciones del inconsciente exige una comprensión profunda de las imágenes arquetípicas y la capacidad de discernir su significado personal. Además, reconciliar las fuerzas arquetípicas conflictivas dentro de la psique plantea un desafío formidable, ya que las personas se esfuerzan por armonizar elementos polarizados como el Ánima y el Ánimus. Esta tarea requiere un equilibrio delicado y la voluntad de gestionar las tensiones inherentes a la experiencia humana. Además, el proceso de integración puede verse obstaculizado por presiones sociales y culturales que juzgan aspectos no convencionales o inconformistas del Yo. Gestionar estas influencias externas mientras se busca la autenticidad puede ser una ardua tarea. Finalmente, la falta de sistemas de apoyo adecuados y comprensión dentro del entorno inmediato puede obstaculizar el proceso de integración, impidiendo que las personas se involucren plenamente en esta labor profundamente transformadora. Estos desafíos subrayan la naturaleza ardua del proceso de integración, enfatizando la necesidad de paciencia, perseverancia y un entorno propicio para gestionar las complejidades del inconsciente. Superar estos obstáculos es fundamental para comprender la profunda metamorfosis que conlleva la integración exitosa del material inconsciente en la conciencia.

7. Implicaciones de la integración para el desarrollo personal:

A medida que las personas emprenden el viaje del autodescubrimiento e incorporan los aspectos previamente inconscientes de su psique a su consciencia, se hacen evidentes varias implicaciones transformadoras. Una de las implicaciones clave de la integración es la consecución de un sentido de identidad más holístico y auténtico. Al reconocer y aceptar los aspectos ocultos de la personalidad, las personas pueden alcanzar una mayor sensación de plenitud e integridad. Este proceso permite una expresión más genuina de la propia naturaleza, lo que conduce a una mayor autoaceptación y autocompasión.

La integración de elementos inconscientes a menudo conduce a un aumento de la creatividad y la innovación. Al acceder a las profundidades del inconsciente, las personas pueden acceder a una rica fuente de inspiración y conocimiento que puede impulsar la expresión artística, la resolución de problemas y el pensamiento innovador. Este potencial creativo, una vez liberado mediante la integración, puede enriquecer significativamente la vida de una persona y contribuir al crecimiento personal y profesional.

Además, el proceso de integración fomenta la resiliencia emocional y el bienestar psicológico. A medida que las personas confrontan e integran las emociones reprimidas y los conflictos internos, desarrollan mayor inteligencia emocional y resiliencia. Esta mayor estabilidad emocional les permite afrontar los desafíos de la vida con mayor facilidad y gracia, fomentando una mayor sensación de paz interior y satisfacción.

La integración del inconsciente facilita el cultivo de la empatía y la compasión. A medida que las personas asumen sus propias luchas y vulnerabilidades internas, desarrollan una comprensión y empatía más profundas hacia las experiencias de los demás. Esta mayor empatía permite conexiones más significativas y auténticas en las relaciones personales, fomentando un entorno social más compasivo y armonioso.

Además, el individuo integrado está mejor preparado para emprender un viaje de individuación, trascendiendo las limitaciones del condicionamiento social y las normas culturales para descubrir y encarnar su potencial único. Mediante la integración de elementos inconscientes, las personas adquieren la valentía y la claridad necesarias para seguir su camino auténtico y alcanzar sus aspiraciones más profundas, contribuyendo así al enriquecimiento de la sociedad en su conjunto.

La Sombra – Exploración del Ser Oculto

1. Las raíces de la sombra en la teoría junguiana:

El desarrollo de la teoría de Jung sobre la sombra se vio influenciado por diversas fuentes históricas, culturales y filosóficas. A finales del siglo XIX y principios del XX, Jung se sumergió en el estudio de la mitología, el folclore y el simbolismo religioso, lo que moldeó considerablemente su comprensión de la psique humana.

Las exploraciones de Jung en la alquimia, una tradición filosófica y protocientífica medieval, aportaron valiosas perspectivas sobre el arquetipo de la sombra. Reconoció el simbolismo alquímico como una representación del proceso de individuación, que a menudo implica la confrontación con la propia oscuridad y la integración de elementos opuestos. Además, la fascinación de Jung por las filosofías y prácticas orientales, en particular las del hinduismo y el budismo, contribuyó aún más a su formulación del concepto de la sombra, ya que estas tradiciones enfatizaban la importancia de abrazar la totalidad del Yo, incluyendo sus aspectos más oscuros.

Además, el profundo impacto de la filosofía nietzscheana en Jung no puede pasarse por alto al examinar el contexto histórico de la sombra en la teoría junguiana. La exploración de Friedrich Nietzsche de la dualidad de la naturaleza humana, la noción de la «voluntad de poder» y el concepto del «eterno retorno» resonaron profundamente con la comprensión de Jung de la sombra como un componente vital de la psique que requiere reconocimiento e integración.

El contexto sociopolítico de la época de Jung, marcado por la convulsión de dos guerras mundiales y el trauma colectivo experimentado por la humanidad, jugó un papel fundamental en la configuración de sus teorías, incluyendo el arquetipo de la sombra. Las observaciones de Jung sobre la manifestación de la sombra en los movimientos de masas, la propaganda y las atrocidades de la guerra fundamentaron su reconocimiento del profundo impacto de los aspectos reprimidos y no reconocidos de la psique humana en el comportamiento individual y colectivo.

2. Definición - Más que solo oscuridad:

El concepto de la sombra en la psicología junguiana va mucho más allá de la mera ausencia de luz o positividad. Más bien, la sombra representa el aspecto inconsciente de la personalidad que contiene debilidades, deseos y resentimientos reprimidos, a menudo considerados negativos por las normas sociales. No es un simple depósito de impulsos dañinos; encarna la totalidad del potencial no reconocido e inexplorado del individuo, incluyendo cualidades positivas que se han pasado por alto o negado. La influencia de la sombra puede manifestarse de diversas maneras, desde comportamientos de autosabotaje hasta conflictos interpersonales recurrentes. Comprender las complejidades de la sombra requiere una perspectiva matizada que trascienda las dicotomías convencionales del bien y el mal. Aceptar la sombra implica reconocer su existencia como parte esencial del Yo, capaz de enriquecer el crecimiento personal y alcanzar una mayor plenitud. Al confrontar la sombra, las personas emprenden un viaje hacia la autorrealización y la integración, reconociendo que la oscuridad interior alberga valiosas revelaciones sobre su verdadera naturaleza. Este proceso da lugar a una profunda transformación, que conduce a la reconciliación de los conflictos internos y a la alineación de los aspectos conscientes e inconscientes. Abrazar la sombra requiere una exploración valiente, que invita a las personas a explorar las profundidades de su psique con apertura y compasión. A través de este esfuerzo, las personas pueden acceder al potencial oculto que alberga la sombra, aprovechando su poder para lograr una profunda sanación y evolución personal. Implica pasar de la negación y el rechazo a la aceptación y la comprensión, impulsando a las personas hacia una forma de ser más auténtica y armoniosa. Por lo tanto, definir la sombra implica no solo reconocer sus facetas más oscuras, sino también abrazar su potencial para un profundo crecimiento personal y autorrealización.

3. Señales y signos de nuestra propia sombra:

A medida que profundizamos en el proceso de reconocer nuestra propia sombra, se vuelve esencial discernir las señales que indican su presencia. El primer paso es la autorreflexión, una práctica que exige una introspección sincera y la disposición a confrontar aspectos de uno mismo que pueden haber sido reprimidos o ignorados durante mucho tiempo. Implica reconocer tanto nuestros comportamientos conscientes como nuestras inclinaciones subconscientes, que a menudo se revelan a través de sueños, fantasías y reacciones emocionales. Estas sutiles señales pueden actuar como guías, guiándonos hacia una comprensión más profunda de nuestra sombra. Otro aspecto crucial para reconocer la sombra es prestar atención a patrones o temas recurrentes en nuestras relaciones e interacciones con los demás. Cuando nos encontramos repetidamente con desafíos o conflictos similares, puede significar una proyección subyacente de nuestros propios rasgos no reconocidos en quienes nos rodean. Este reconocimiento sirve como una poderosa herramienta para descubrir los aspectos ocultos de nuestra psique que buscan integración y aceptación. Además, el examen de nuestros desencadenantes y aversiones ofrece valiosas perspectivas sobre la existencia de la sombra. Las emociones y respuestas que evocan ciertas situaciones pueden brindar pistas valiosas sobre aspectos de nosotros mismos que hemos repudiado o rechazado. Además, examinar los tabúes culturales y sociales también puede arrojar luz sobre elementos de la sombra que pueden residir en nosotros. Explorar temas que provocan incomodidad o vergüenza puede revelar facetas ocultas de nuestro ser que anhelan ser reconocidas. Participar en prácticas creativas como el arte, la escritura o el movimiento puede brindar una vía para la expresión y la exploración de la sombra. Estos medios ofrecen un espacio seguro para ahondar en las profundidades de nuestro inconsciente, permitiendo que las emociones y pensamientos reprimidos afloren.

4. El papel de la proyección en la dinámica de las sombras:

El proceso de proyección ocurre cuando una persona atribuye inconscientemente sus propios aspectos no deseados o rechazados a otros o a circunstancias externas. En el contexto de la sombra, la proyección permite a las personas evitar reconocer y confrontar sus propios rasgos más oscuros, atribuyéndolos a otra persona. Esto puede conducir a una percepción distorsionada de la realidad y a relaciones interpersonales tensas. Comprender el papel de la proyección en la dinámica de la sombra permite a las personas embarcarse en un viaje de autodescubrimiento e integración. Se convierte en un paso crucial para arrojar luz sobre las facetas ocultas del Yo. Al reconocer y explorar los rasgos proyectados, se puede comenzar a desentrañar las causas subyacentes y a asumir la responsabilidad de estos aspectos rechazados. Sin confrontar la proyección, las personas pueden perpetuar conflictos internos y obstaculizar el crecimiento personal. En entornos terapéuticos, abordar la proyección es fundamental para guiar a las personas hacia una comprensión más auténtica de sí mismas. Los terapeutas ayudan a los clientes a reconocer sus elementos proyectados y los animan a recuperar estas proyecciones como parte de su yo integral. En esencia, reconocer la proyección impulsa a las personas a realizar un trabajo introspectivo, fomentando una conexión más profunda con su sombra y promoviendo la plenitud psicológica. Además, la conciencia de la proyección contribuye a unas relaciones más sanas, ya que disminuye la tendencia a culpar a otros por las luchas internas.

5. Técnicas para el trabajo con la sombra:

Al adentrarse en el mundo del trabajo con la sombra, las personas suelen encontrarse con una multitud de emociones, miedos e incertidumbres. Sin embargo, para embarcarse verdaderamente en un viaje de autodescubrimiento e integración, es necesario contar con técnicas efectivas, como:

- Diario: Escribir un diario es una herramienta invaluable para ahondar en las profundidades de nuestra psique. Al registrar constantemente pensamientos, sueños y emociones, las personas pueden comenzar a discernir patrones o temas recurrentes que podrían indicar aspectos no resueltos de su sombra. A través de la escritura introspectiva, se pueden desentrañar gradualmente las capas de la sombra, obteniendo conocimiento sobre las emociones y los deseos reprimidos.

Visualización Guiada: Utilizar técnicas de visualización guiada puede proporcionar un enfoque estructurado para confrontar la sombra. Al crear un espacio mental seguro y visualizar encuentros con representaciones simbólicas de la sombra, las personas pueden comenzar a confrontar y conectar con los aspectos ocultos de su psique. Mediante este proceso, pueden obtener claridad sobre problemas reprimidos e identificar áreas potenciales de crecimiento y sanación.

- Arteterapia: Las formas expresivas de arte, como la pintura, el dibujo o la escultura, pueden servir como poderosos medios para explorar la sombra. La arteterapia anima a las personas a exteriorizar sus conflictos y emociones internas, lo que permite una exploración más tangible de las manifestaciones de la sombra. La expresión artística puede revelar material inconsciente y fomentar una conexión más profunda con los aspectos de la sombra, lo que en última instancia conduce a una mayor autoconciencia y aceptación.

Análisis de los sueños: Los sueños a menudo sirven como puertas al inconsciente, ofreciendo vislumbres del dominio elusivo de la sombra. Al llevar un diario de sueños y reflexionar sobre símbolos, personajes o escenarios recurrentes, las personas pueden desentrañar el simbolismo arraigado en sus sueños, arrojando luz sobre aspectos reprimidos de su psique. Mediante la interpretación de los sueños, se pueden descifrar los mensajes que se tejen en el subconsciente, descubriendo facetas ocultas de la sombra.

- Atención plena y meditación: Cultivar la atención plena mediante la meditación puede ayudar a fomentar una conciencia del momento presente sin prejuicios. Al observar los pensamientos y las emociones sin apego, las personas pueden comenzar a reconocer las tendencias de la sombra y reconocer su presencia sin conflicto interno. Las prácticas de atención plena permiten a las personas desarrollar una actitud compasiva hacia su sombra, allanando el camino para una futura integración y transformación.

6. El encuentro terapéutico:

Como profesionales de la psicología junguiana, guiar a las personas a través del complejo terreno de sus sombras es una tarea delicada. El encuentro terapéutico implica explorar las profundidades del inconsciente, descubrir elementos reprimidos y ayudar a integrar estos aspectos en la conciencia del individuo. Al guiar a otros a través de sus sombras, es esencial crear un espacio seguro y sin prejuicios donde los clientes se sientan empoderados para explorar sus miedos y deseos más profundos. Este proceso requiere un alto nivel de confianza y compenetración entre el terapeuta y el cliente, ya que ahondar en la sombra puede evocar emociones intensas y resistencia. Los terapeutas deben abordar este trabajo con humildad, empatía y una profunda comprensión de la psique humana. Es crucial crear espacio para el desarrollo del viaje del cliente, permitiéndole explorar sus propias revelaciones y percepciones. A lo largo del encuentro terapéutico, el terapeuta actúa como un guía compasivo, ofreciendo apoyo y comprensión sin imponer interpretaciones ni proyecciones sobre las experiencias del cliente. Esto requiere un equilibrio perfecto entre la escucha activa, la indagación sutil y la reflexión empática. Un aspecto integral de guiar a otros a través de sus sombras es ayudar al cliente a reconocer y asumir la responsabilidad de sus proyecciones en el mundo externo. Al esclarecer cómo su material inconsciente se manifiesta en sus percepciones de los demás, el terapeuta apoya al cliente en la recuperación de aspectos de sí mismo que ha rechazado. Además, facilita la exploración de motivos arquetípicos y representaciones simbólicas dentro de la sombra del cliente, proporcionando un marco para comprender e integrar estas poderosas fuerzas psíquicas. El encuentro terapéutico también implica ayudar al cliente a reconocer los patrones y comportamientos que surgen de sus aspectos de sombra, empoderándolo para tomar decisiones conscientes en sintonía con su verdadero yo. A lo largo de este proceso, el terapeuta crea un espacio para el viaje transformador del cliente, respetando su ritmo y su disposición para el autodescubrimiento y la integración.

7. Desafíos y resistencias al abrazar la sombra:

Abrazar la sombra, si bien es fundamental para la individuación y el autodescubrimiento, es una tarea abrumadora, llena de desafíos y resistencias. Al embarcarse en el camino de confrontar la sombra, las personas pueden encontrar diversos obstáculos que impiden su camino hacia la integración y la plenitud. Comprender y gestionar estos desafíos es crucial para lograr una transformación significativa y el crecimiento personal. Uno de los principales desafíos al aceptar la sombra es la incomodidad inherente que conlleva reconocer y aceptar los aspectos más oscuros de uno mismo. A menudo implica ahondar en emociones reprimidas, experiencias traumáticas y conflictos no resueltos, que pueden evocar intensos sentimientos de vulnerabilidad y miedo. Esta resistencia emocional actúa como un mecanismo de protección, ya que las personas se esfuerzan instintivamente por protegerse del dolor y la incomodidad. Además, los estigmas y tabúes sociales que rodean ciertos aspectos de la sombra, como la ira, la agresión o la sexualidad, agravan aún más el desafío de aceptar estas facetas del Yo. Superar estos sesgos culturales requiere un esfuerzo concertado para redefinir y recuperar la sombra sin sucumbir al juicio externo. Más allá de las barreras emocionales y sociales, las resistencias cognitivas y psicológicas también se manifiestan durante el proceso de aceptar la sombra. El ego, impulsado por el deseo de mantener la estabilidad y el control, a menudo se opone a la disolución de sus constructos identitarios establecidos. Esta resistencia proviene de su reticencia a renunciar a patrones y creencias arraigados, así como de su aversión a la incertidumbre e imprevisibilidad inherentes a la exploración de la sombra. Las personas pueden experimentar conflicto interno y disonancia cognitiva al lidiar con las contradicciones entre su autoimagen idealizada y las realidades confrontativas de su sombra. Además, confrontar la sombra requiere la voluntad de desafiar mecanismos de defensa y estrategias de afrontamiento profundamente arraigados que les han permitido reprimir y evitar verdades incómodas sobre sí mismos. Superar estas defensas psicológicas exige un profundo compromiso con la autocrítica y una apertura a explorar las profundidades de la propia psique. Abordar estas resistencias requiere paciencia, compasión y autocompasión a medida que las personas recorren el terreno de su mundo interior. Además, la alianza terapéutica desempeña un papel fundamental en el apoyo a las personas a medida que enfrentan y superan estos obstáculos. Los terapeutas deben proporcionar un espacio seguro y sin prejuicios para que los clientes exploren su sombra, ofreciendo orientación y aliento mientras gestionan las complejidades de su entorno interior. Al fomentar la confianza y la compenetración, los terapeutas facilitan la eliminación gradual de las resistencias, lo que permite a los clientes profundizar en su material de sombra.

La Persona - Una fachada social

1. Concepto y sus orígenes:

El concepto de persona ocupa un lugar destacado en la teoría junguiana, emergiendo como un elemento fundamental para comprender la compleja dinámica de la psique humana. Al profundizar en sus orígenes, es crucial reconocer su conexión con los influyentes conceptos de Jung sobre el inconsciente colectivo y los arquetipos. Jung propuso que la persona representa la máscara o fachada social que los individuos presentan al mundo exterior, sirviendo como medio de adaptación a las expectativas y normas sociales. Este concepto se basa en la profunda creencia de Jung en la existencia de una tendencia humana inherente a crear y mantener ciertas imágenes o personas. Además, la persona actúa como mediadora entre el individuo y la sociedad, reflejando la interacción entre la identidad personal y las exigencias del entorno externo.

2. Formación de la Persona:

Para Jung, la personalidad no es un aspecto estático de la psique, sino que se desarrolla y evoluciona con el tiempo. Su formación se ve influenciada por numerosos factores, como las normas sociales, las expectativas culturales y las experiencias individuales. Desde la primera infancia, las personas comienzan a internalizar los ideales y las normas sociales, que posteriormente moldean el desarrollo de su personalidad. Este proceso se ve influenciado además por las dinámicas familiares, las experiencias educativas y la influencia de los medios de comunicación y la cultura popular. A medida que las personas maduran, la personalidad continúa moldeándose mediante las interacciones con sus compañeros, figuras de autoridad y contextos sociales más amplios. El desarrollo de la personalidad suele estar marcado por una negociación continua entre las influencias externas y los deseos internos, lo que lleva a la creación de una fachada que se alinea con las expectativas sociales y refleja elementos del Yo auténtico. Además, la personalidad puede estar profundamente entrelazada con la identidad profesional, ya que las personas adaptan su imagen pública de acuerdo con los requisitos ocupacionales y los estándares sociales. La naturaleza evolutiva de la personalidad requiere una exploración continua de su desarrollo, ya que puede cambiar y transformarse en respuesta a las experiencias vitales y a los entornos sociales cambiantes.

3. El papel de la persona en las interacciones sociales:

El rol de la persona en las interacciones sociales es un aspecto complejo y multifacético del comportamiento humano. Esta faceta de la psique, entendida desde la perspectiva de la psicología junguiana, sirve de interfaz entre el individuo y el mundo exterior, a menudo encarnando los rasgos y comportamientos socialmente aceptables que permiten una interacción exitosa en diversos contextos. Actúa como una máscara o fachada que los individuos presentan a los demás, influyendo en cómo son percibidos y recibidos en entornos sociales. Además, la persona media la expresión de los pensamientos y emociones del individuo, moldeando su comportamiento externo para alinearse con las normas y expectativas sociales. En esencia, funciona como un puente entre la esfera privada del Yo y la esfera pública, permitiendo la navegación en diversos entornos sociales. La adaptabilidad característica de la persona permite a los individuos ajustar su comportamiento y presentación según las exigencias de diferentes entornos sociales, facilitando así interacciones fluidas y armoniosas. Además, su influencia se extiende más allá de las interacciones superficiales, ya que la persona también desempeña un papel fundamental en el establecimiento y mantenimiento de relaciones. Al implementar facetas específicas de la personalidad adaptadas a diferentes entornos sociales, las personas pueden gestionar eficazmente y prosperar en sus redes personales y profesionales. Sin embargo, la influencia generalizada de la personalidad puede generar complejidades en las dinámicas interpersonales. En algunos casos, las personas pueden, sin darse cuenta, identificarse excesivamente con sus personalidades, lo que resulta en una marcada discordancia entre su yo auténtico y su imagen exterior. Estas situaciones pueden generar conflictos internos y angustia psicológica, lo que resalta la importancia de mantener un equilibrio saludable entre la personalidad y el Yo genuino. Además, el impacto de la personalidad en las interacciones sociales subraya la necesidad de la reflexión introspectiva y la autoconciencia para garantizar la autenticidad y la coherencia en las relaciones interpersonales.

4. Persona versus Yo:

Desde una perspectiva junguiana, la persona representa la máscara o fachada social que los individuos presentan al mundo exterior. Para comprender la persona, es crucial diferenciarla del Yo auténtico y esencial, tarea que constituye el eje central de la individuación. En esencia, la persona sirve de interfaz entre el mundo interior y la realidad exterior, modificando comportamientos y expresiones para adecuarse a las normas y expectativas sociales.

Para diferenciar entre la persona y el Yo en el marco junguiano, es necesario ahondar en las profundidades del inconsciente y los patrones arquetípicos inherentes que configuran el comportamiento humano. Según Jung, el Yo encarna la totalidad de la psique del individuo, abarcando tanto elementos conscientes como inconscientes. Es la sede de la autenticidad, representando la esencia pura del ser individual, libre de condicionamientos sociales o influencias externas. Por el contrario, la persona es la proyección externa del Yo, influenciada por las normas sociales, las costumbres culturales y las exigencias del contexto.

Un aspecto clave para diferenciar entre la persona y el Yo reside en reconocer la naturaleza fluida de la persona, que se adapta y transforma en respuesta a diversos estímulos ambientales. Mientras que el Yo permanece como una entidad más estable, arraigada en las profundidades del inconsciente, la persona es maleable y adopta diferentes apariencias según las exigencias de la situación. Esta interacción dinámica entre la persona y el Yo a menudo conduce a conflictos internos y crisis de identidad, sobre todo cuando las personas se enredan demasiado con sus personajes, perdiendo el contacto con su yo auténtico.

La diferenciación entre la persona y el Yo es fundamental para facilitar el proceso de individuación, que implica la integración de los distintos aspectos de la psique para alcanzar la plenitud y la autorrealización. No discernir entre la persona y el Yo puede conducir a un estado de disonancia, obstaculizando el camino del individuo hacia la individuación y la autorrealización. Por lo tanto, fomentar la conciencia de esta demarcación es fundamental para gestionar las complejidades de la psique humana y promover el bienestar psicológico.

5. Impacto de la Persona en las Relaciones Personales:

La personalidad, como máscara social que se usa en diversas interacciones interpersonales, influye significativamente en las relaciones personales. Nuestra elección de personalidad en diferentes entornos afecta la percepción que los demás tienen de nosotros y, en consecuencia, la dinámica de nuestras relaciones. Cuando las personas proyectan constantemente una personalidad específica, esta puede moldear sus experiencias y conexiones con los demás. Además, la adaptabilidad de la personalidad desempeña un papel fundamental en la adaptación a diversos escenarios sociales, lo que puede generar conexiones genuinas o encuentros superficiales. La influencia de la personalidad en las relaciones personales se evidencia tanto en aspectos positivos como negativos. Una personalidad bien diseñada puede facilitar impresiones iniciales favorables y facilitar las interacciones sociales, fomentando relaciones armoniosas. Sin embargo, la dependencia de una fachada puede obstaculizar las conexiones auténticas, impidiendo el desarrollo de una auténtica intimidad y comprensión en las relaciones. Asimismo, las discrepancias entre el Yo verdadero y la personalidad proyectada pueden generar malentendidos, conflictos y distanciamiento emocional en las relaciones. Comprender el impacto de la personalidad en las relaciones personales es crucial para fomentar conexiones significativas y satisfactorias. Reconocer el equilibrio entre la autenticidad y una presentación social adaptativa permite a las personas gestionar las relaciones con integridad y empatía. Al reconocer el papel de la personalidad en la configuración de las dinámicas interpersonales, las personas pueden buscar la sinceridad y la vulnerabilidad en sus interacciones, fomentando así conexiones más profundas. Cultivar la autoconciencia respecto a las personalidades empleadas en diferentes contextos empodera a las personas para alinear sus expresiones externas con la verdad interior.

6. Uso adaptativo de Persona:

Comprender el uso adaptativo de la personalidad implica reconocer su capacidad de flexibilidad y cambio. Las personas suelen adaptar sus personalidades a diversas situaciones y entornos, demostrando una notable capacidad de adaptación a diversas dinámicas sociales. Esta cualidad adaptativa les permite desenvolverse con diferentes roles y expectativas, mejorando sus interacciones y relaciones sociales. La personalidad sirve como herramienta para que las personas interactúen eficazmente con los demás, manteniendo al mismo tiempo un sentido de autenticidad. Sin embargo, el uso adaptativo de la personalidad requiere un delicado equilibrio entre la adaptación y el mantenimiento de expresiones genuinas de la propia identidad. Cuando se emplea con destreza, la personalidad puede facilitar conexiones significativas y enriquecer las experiencias personales. Además, la naturaleza flexible del uso de la personalidad permite a las personas explorar nuevas facetas de sus identidades, fomentando el crecimiento y el desarrollo personal. En esencia, el uso adaptativo de la personalidad abarca la fluidez de la interacción humana y la naturaleza en constante evolución del Yo. Empodera a las personas a interactuar auténticamente con el mundo, reconociendo al mismo tiempo la necesidad de adaptación en diversos entornos sociales. Este proceso adaptativo anima a las personas a ser receptivas al cambio, promoviendo la resiliencia y la agilidad en la gestión de diversos roles y responsabilidades sociales. También subraya la importancia de la autoconciencia y la introspección, ya que los individuos evalúan y ajustan continuamente sus personalidades en consonancia con sus valores y aspiraciones en evolución.

7. Peligros de la sobreidentificación con la Persona:

La sobreidentificación con la persona, o la máscara social externa, plantea riesgos significativos para el bienestar psicológico y el desarrollo personal de una persona. Cuando las personas se apegan excesivamente a su imagen proyectada, pueden experimentar una desconexión con su verdadero yo, lo que lleva a conflictos internos y angustia emocional. Esta sobreidentificación puede ser especialmente perjudicial en las relaciones interpersonales, ya que puede obstaculizar las conexiones genuinas y crear barreras para la comunicación auténtica. Además, la dependencia de la persona como modo principal de interacción puede resultar en una pérdida de autoconciencia y falta de introspección, perpetuando un ciclo de comportamiento inauténtico y desapego emocional. Además, la sobreidentificación con la persona puede llevar a una erosión de la autoconfianza, ya que las personas se vuelven dependientes de la validación externa mediante la proyección de una imagen cuidadosamente elaborada. Esto, en última instancia, puede impedir el crecimiento personal y la búsqueda de la realización personal genuina. Además, el mantenimiento prolongado de una personalidad incongruente con el Yo interior puede generar sentimientos de alienación y fragmentación interna, lo que conduce a un aumento de la ansiedad, la depresión y la desilusión existencial. A medida que la persona se desconecta cada vez más de su identidad auténtica, puede experimentar una sensación generalizada de vacío y angustia existencial. Estos peligros subrayan la importancia de reconocer los posibles riesgos de la sobreidentificación con la personalidad y enfatizan la necesidad de fomentar la congruencia entre la imagen externa y la realidad interna. Al reconocer los riesgos asociados con el apego excesivo a la personalidad, las personas pueden emprender un camino de autodescubrimiento y alineación, buscando la autenticidad y la autonomía en sus interacciones y autoexpresión. Esto requiere un análisis consciente de las motivaciones subyacentes que impulsan la proyección de la personalidad, así como un esfuerzo deliberado por cultivar la autoconciencia y la aceptación de la propia naturaleza multidimensional.

8. Un equilibrio entre la personalidad y la autenticidad:

Si bien la personalidad funciona como una máscara protectora en las interacciones sociales, la sobreidentificación con ella puede llevar a una desconexión con la propia autenticidad. Lograr la congruencia entre la personalidad y la autenticidad implica una exploración profunda de los propios valores, creencias y emociones fundamentales. Requiere la disposición a examinar críticamente los roles que desempeñamos en diversos contextos sociales y las motivaciones genuinas que los sustentan.

En la búsqueda de la congruencia, las personas deben cultivar la autoconciencia y la introspección. Esto implica aceptar la vulnerabilidad y reconocer la existencia de deseos conflictivos y presiones sociales. Al comprender los orígenes de la personalidad y su función adaptativa, las personas pueden alinearla conscientemente con su verdadero yo, fomentando un sentido de armonía e integridad.

Lograr la congruencia exige valentía y resiliencia. Requiere la voluntad de confrontar las expectativas y normas sociales, desafiando el statu quo cuando entra en conflicto con los valores personales. Este proceso a menudo implica trascender la zona de confort y atreverse a expresar pensamientos y emociones genuinos, incluso cuando se apartan de las convenciones sociales.

Un aspecto esencial de esta búsqueda es desarrollar la autocompasión y la aceptación. Aceptar las imperfecciones y contradicciones internas facilita una auténtica integración de la personalidad. Buscar la congruencia no implica erradicar la personalidad; más bien, exige alinearla con la propia identidad, transformándola en un reflejo genuino del Yo.

Los estudios de caso revelan el profundo impacto de lograr la congruencia entre la personalidad y la autenticidad. Quienes logran armonizar estos aspectos experimentan una mayor autoestima, mejores relaciones interpersonales y un mayor sentido de propósito y realización. Por el contrario, quienes luchan con la incongruencia a menudo experimentan conflictos internos, angustia emocional y dificultades para establecer conexiones significativas.

9. Prácticas reflexivas para armonizar la personalidad y el Yo interior:

Al examinar introspectivamente la dinámica entre la personalidad y el Yo verdadero, se puede comprender mejor estos elementos y trabajar para lograr una mayor alineación. Las prácticas reflexivas sirven de puente entre los aspectos conscientes e inconscientes de la psique, facilitando un proceso de autodescubrimiento e integración.

Una práctica reflexiva clave es llevar un diario, en el que las personas documentan sus pensamientos, emociones y experiencias. Al escribir un diario de forma constante, se pueden identificar patrones recurrentes en las interacciones con los demás, discerniendo cuándo la personalidad puede ser demasiado dominante o incongruente con el Yo interior. Esta mayor conciencia permite a las personas adaptar conscientemente sus comportamientos y presentaciones sociales, fomentando una expresión más auténtica de sí mismas.

Las prácticas meditativas también desempeñan un papel fundamental en la armonización de la personalidad y el Yo interior. Al practicar la meditación consciente, las personas pueden observar sus pensamientos y sentimientos sin juzgarlos, obteniendo claridad sobre los motivos que subyacen a las acciones de su personalidad. Esta mayor autoconciencia fomenta un sentido de equilibrio interno, reduciendo la necesidad de depender únicamente de la personalidad para las interacciones sociales.

Buscar la retroalimentación de personas de confianza o terapeutas puede brindar información valiosa sobre la coherencia entre la personalidad y el Yo auténtico. La retroalimentación constructiva permite a las personas identificar puntos débiles y áreas de crecimiento, guiándolas hacia una integración más armoniosa de su imagen externa e identidad interna.

Además de las prácticas reflexivas individuales, el diálogo y las discusiones grupales pueden ser fundamentales para gestionar las complejidades de la integración persona-personalidad. Participar en entornos grupales permite a las personas observar diversas perspectivas y comprender cómo otros perciben sus personalidades presentadas. Esta conciencia colectiva promueve la empatía y la comprensión, facilitando la alineación de la personalidad con el Yo esencial.

En definitiva, incorporar estas prácticas reflexivas a la vida diaria permite a las personas conectar su personalidad con su yo interior de forma auténtica. Al explorar y armonizar concienzudamente la relación entre estos componentes, las personas pueden cultivar un sentido de identidad más cohesivo e integrado, lo que conduce a una mayor realización personal y a interacciones significativas.

Ánima y Ánimus - Los arquetipos de género del alma

1. Introducción a los conceptos de Ánimus y Ánima:

Los conceptos de Ánimus y Ánima son componentes fundamentales de la psicología analítica de Carl Jung, representando los arquetipos masculino y femenino dentro de la psique humana. Para comprender los orígenes de estos conceptos, es necesario profundizar en el contexto histórico y los fundamentos teóricos de la teoría junguiana. Carl Gustav Jung, figura pionera en el campo de la psicología, desarrolló estos conceptos basándose en su extensa investigación y observaciones clínicas. Influenciado por una gran variedad de fuentes, incluyendo la mitología, el simbolismo religioso y los estudios transculturales, Jung sintetizó estos elementos para formar un marco cohesivo que permitiera comprender las complejidades de la personalidad humana. El concepto de Ánimus, como el aspecto femenino de la psique masculina, se remonta a los primeros trabajos de Jung con sueños y visiones, donde identificó figuras femeninas recurrentes que parecían poseer un significado simbólico intrínseco. Por otro lado, el Ánimus, que representa el elemento masculino dentro de la psique femenina, emergió como un constructo paralelo a través de la exploración junguiana del inconsciente. Estas ideas seminales se vieron influenciadas por las interacciones de Jung con colegas como Sigmund Freud y sus propias experiencias introspectivas. Además, Jung se inspiró en diversas tradiciones culturales, reconociendo patrones universales en la representación de los arquetipos de género en diferentes sociedades y períodos históricos. Este enfoque inclusivo e interdisciplinario le permitió a Jung refinar y profundizar su comprensión del Ánimus y el Ánima, que desde entonces se han convertido en piedras angulares de la psicología junguiana. Asimismo, la influencia de marcos filosóficos y mitológicos, en particular de civilizaciones antiguas como la griega y la egipcia, moldeó significativamente la conceptualización de Jung del Ánimus y el Ánima.

2. Contexto histórico y fundamentos teóricos:

El contexto histórico y los fundamentos teóricos de los conceptos de Ánimus y Ánima en la psicología junguiana están profundamente arraigados en tradiciones culturales, mitológicas y filosóficas. La obra de Jung estuvo profundamente influenciada por su amplio conocimiento de la mitología, el folclore y el simbolismo religioso de diversas culturas. Se inspiró en este rico entramado de narrativas humanas para construir su teoría de los arquetipos, que sirvieron como prototipos universales para diversos aspectos de la experiencia humana. Los arquetipos de Ánimus y Ánima están profundamente entrelazados con estas narrativas culturales y, en consecuencia, reflejan un inconsciente colectivo que trasciende las experiencias individuales.

Los fundamentos teóricos del Ánimus y el Ánima se remontan al marco conceptual más amplio de Jung sobre la psique. Su énfasis en la existencia del inconsciente personal y colectivo, y la idea de la totalidad psíquica, sentaron las bases para comprender la interacción dinámica de las energías masculina y femenina en el individuo. Además, las perspectivas de Jung sobre el proceso de individuación, donde la integración de elementos inconscientes contribuye a la plenitud psicológica, influyen directamente en la comprensión del Ánimus y el Ánima como componentes fundamentales de este proceso transformador. La perspectiva teórica a través de la cual Jung abordó estos arquetipos demuestra su compromiso con la síntesis de observaciones empíricas con profundas perspectivas de diversas disciplinas, como la antropología, la historia y la religión.

3. Distinción entre Ánimus y Ánima:

En la psicología junguiana, los conceptos de Ánimus y Ánima representan los aspectos masculino y femenino de la psique humana, respectivamente. El Ánimus, como representante del principio masculino, encarna rasgos como la asertividad, la racionalidad y la lógica. A menudo se representa como la voz interior que guía a la persona hacia la toma de decisiones basadas en la razón y el análisis. Por otro lado, el Ánima simboliza las cualidades femeninas, abarcando la intuición, la emotividad y la creatividad. Es fuente de inspiración y apoyo, guiando a las personas a conectar con sus sentimientos más profundos y a expresarse con autenticidad. Distinguir entre Ánimus y Ánima implica reconocer sus características distintivas y comprender cómo configuran la psique de forma diferente. Mientras que el Ánimus fomenta la independencia y la autonomía, el Ánima fomenta la conexión y la empatía. Estos arquetipos no solo existen dentro de cada individuo, sino que también interactúan entre sí, estableciendo una dinámica compleja que influye en las percepciones y actitudes de cada uno hacia sí mismo y hacia los demás. A medida que las personas transitan por las experiencias de la vida, la interacción entre estas fuerzas puede generar armonía o provocar conflictos internos. Reconocer las manifestaciones del Ánimus y el Ánima en las interacciones, relaciones y procesos de toma de decisiones cotidianos ofrece una perspectiva invaluable sobre las complejidades de la dinámica psicológica. Además, diferenciar entre Ánimus y Ánima es fundamental para cultivar una psique equilibrada e integrada. Aceptar ambos aspectos permite a las personas aprovechar la fuerza de sus energías masculinas y femeninas, lo que conduce a un enfoque holístico del autodescubrimiento y el crecimiento personal.

4. Implicaciones psicológicas del Ánimus y Ánima:

La teoría junguiana postula que el Ánimus y el Ánima desempeñan un papel fundamental en la configuración de la percepción que un individuo tiene de sí mismo y de los demás. Estos arquetipos no son meros constructos teóricos, sino que influyen significativamente en las emociones, los comportamientos y las relaciones. Cuando permanecen inconscientes o no se reconocen, pueden manifestarse de forma destructiva, provocando conflictos internos y discordia relacional. Comprender las implicaciones psicológicas del Ánimus y el Ánima es fundamental para alcanzar un estado de ser equilibrado y armonioso.

En el contexto del Ánima, representa el aspecto femenino en la psique masculina. Sus implicaciones psicológicas se observan en la forma en que los hombres se relacionan con las mujeres y las perciben, así como en sus actitudes hacia la sensibilidad, la emotividad y las cualidades de crianza. Las proyecciones inconscientes del Ánima sobre las mujeres pueden conducir a la idealización o demonización, creando expectativas irrealistas y desafíos relacionales. Por el contrario, el Ánimus, que representa el aspecto masculino en la psique femenina, influye en cómo las mujeres se relacionan con la masculinidad, la racionalidad, la asertividad y la autonomía. Las proyecciones del Ánimus no reconocidas pueden generar luchas de poder y dificultades para establecer límites saludables.

Los arquetipos del Ánima y el Ánimus influyen en la capacidad de introspección, creatividad y autoexpresión. La influencia del Ánima se manifiesta a menudo en las actividades artísticas, la profundidad emocional y la intuición, mientras que el Ánimus contribuye al razonamiento lógico, la capacidad de resolución de problemas y la comunicación asertiva. Reconocer e integrar estas energías arquetípicas puede enriquecer el bienestar psicológico y el potencial creativo.

Es crucial reconocer que el Ánima y el Ánimus existen no solo en el individuo, sino también colectivamente. Las normas sociales y las expectativas culturales suelen influir en la manifestación de estos arquetipos, lo que genera roles de género estereotipados y sesgos. Al explorar las implicaciones psicológicas del Ánimus y el Ánimus a nivel colectivo, las personas pueden comprender mejor cómo los constructos sociales impactan el desarrollo personal y las dinámicas interpersonales.

En entornos terapéuticos, abordar las implicaciones psicológicas del Ánimus y el Ánima implica facilitar un proceso de individuación, donde las personas interactúan conscientemente con estas energías arquetípicas y las integran. Mediante el análisis de los sueños, la imaginación activa y otras técnicas terapéuticas, las personas exploran las manifestaciones inconscientes del Ánimus y el Ánima, trabajando para establecer un sentido de identidad más equilibrado y auténtico. En última instancia, aceptar las implicaciones psicológicas del Ánimus y el Ánima conduce a una mayor autoconciencia, resiliencia emocional y relaciones más enriquecedoras.

5. El papel del Ánimus en la psique femenina:

Derivado del latín "alma", Ánimus encarna aspectos de la masculinidad que residen en el inconsciente femenino. Estas representaciones arquetípicas se manifiestan de diversas formas, influyendo a menudo en las actitudes, creencias y comportamientos de la mujer. En esencia, el Ánimus sirve como catalizador para afirmar la independencia, el pensamiento crítico y la fuerza interior en la psique femenina. Este arquetipo impulsa a las mujeres a confrontar las expectativas sociales y emerger como personas empoderadas. Sin embargo, el Ánimus también puede evocar desafíos si no se examina, lo que conduce a la agitación y el conflicto interno. El reconocimiento e integración del arquetipo del Ánimus puede resultar en un profundo desarrollo personal y una plenitud psicológica. Permite a las mujeres abrazar tanto su feminidad como las cualidades constructivas derivadas del Ánimus, fomentando un equilibrio armonioso dentro de sí mismas. La influencia del Ánimus se extiende más allá de la psicología individual, permeando las relaciones interpersonales y las dinámicas sociales. Comprender el Ánimus es fundamental para abordar cuestiones de género, facilitar la empatía y promover la igualdad de género. El Ánimus en la psique femenina representa, en última instancia, una fuente de resiliencia, sabiduría y empoderamiento, y promueve el crecimiento y la realización integral de las mujeres en diversos contextos.

6. La influencia del Ánima en la psique masculina:

Jung postuló que el Ánima representa las cualidades femeninas que residen en el inconsciente masculino. Estas cualidades abarcan un amplio espectro, incluyendo la crianza, la sensibilidad, la emotividad y la receptividad. El Ánima desempeña un papel fundamental en la formación del mundo interior del hombre, influyendo en sus relaciones, su autopercepción y su expresión creativa. Actúa como puente entre el consciente y el inconsciente, sirviendo de guía hacia las capas más profundas de la psique masculina.

Jung creía que el Ánima se manifiesta a través de imágenes y símbolos en los sueños y fantasías del hombre. Estas manifestaciones ofrecen valiosas perspectivas sobre el panorama emocional y psicológico del hombre, reflejando la presencia e influencia del Ánima. Cuando un hombre se desconecta de su Ánima, puede exhibir comportamientos de distanciamiento emocional, insensibilidad o una exagerada muestra de masculinidad. Por el contrario, abrazar e integrar el Ánima puede conducir a una personalidad más equilibrada y armoniosa, propiciando una mayor empatía, creatividad y profundidad emocional.

Es esencial que los hombres reconozcan y se conecten con su Ánima, ya que este proceso les permite desarrollar una comprensión más profunda de sí mismos y de sus relaciones. Al reconocer e integrar los aspectos femeninos de su psique, los hombres pueden experimentar un profundo crecimiento y transformación personal. El Ánima también tiene implicaciones en las relaciones románticas, ya que influye en las percepciones e interacciones del hombre con el sexo opuesto. Comprender y reconciliarse con el Ánima permite a los hombres relacionarse con las mujeres con mayor empatía, respeto y comprensión, contribuyendo a una dinámica más sana y plena.

El Ánima alberga un potencial creativo en la psique masculina. Al interactuar con ella, los hombres pueden acceder a sus capacidades intuitivas y artísticas, fomentando la innovación y la imaginación. Este proceso de integración conduce a una expresión más holística de la masculinidad y empodera a los hombres para abarcar una gama más amplia de experiencias emocionales y conexiones interpersonales.

7. El equilibrio de las energías masculinas y femeninas internamente:

Tradicionalmente, estas dos energías se han asociado con los roles de género: la masculinidad se vincula con la asertividad, la racionalidad y la fuerza, mientras que la feminidad se asocia con la crianza, la empatía y la intuición. Sin embargo, la teoría junguiana postula que cada individuo posee energías tanto masculinas como femeninas, independientemente de su género, y que el desequilibrio o la represión de cualquiera de ellas puede provocar malestar psicológico. Lograr el equilibrio interno entre estas energías es crucial para el bienestar psicológico y el desarrollo personal.

Para comenzar el proceso de equilibrar estas energías, las personas deben primero ser conscientes de sus propias tendencias psicológicas y prejuicios hacia los rasgos masculinos y femeninos. Esta autoconciencia implica reconocer qué aspectos son dominantes o reprimidos en uno mismo y comprender cómo se manifiestan en diferentes contextos. Al explorar la influencia de factores culturales, familiares y sociales, las personas pueden comprender el origen de sus creencias y actitudes hacia los rasgos específicos de género.

Una vez establecida la consciencia, el siguiente paso es aceptar e integrar las cualidades masculinas y femeninas en la psique. Esta integración no implica borrar ni negar los rasgos inherentes, sino reconocerlos y valorarlos como partes esenciales del ser. Por ejemplo, una persona puede trabajar en cultivar su asertividad a la vez que cultiva su capacidad de empatía e intuición, armonizando así ambas energías en su interior.

Lograr el equilibrio entre las energías masculina y femenina implica reconocer y conciliar los conflictos internos derivados de las expectativas y presiones sociales. La sociedad suele imponer estándares rígidos sobre los roles de género, lo que puede exacerbar la disonancia en la búsqueda de la armonía por parte de una persona. Al deconstruir las normas sociales y adoptar una visión más fluida e inclusiva de la expresión de género, las personas pueden aliviar el conflicto interno causado por influencias externas.

En definitiva, equilibrar internamente las energías masculina y femenina fomenta una mayor resiliencia psicológica, profundidad emocional y expresión creativa. Este proceso permite a las personas acceder a una gama más amplia de experiencias y potencialidades humanas, contribuyendo a una percepción más holística del Yo y a una conexión más profunda con los demás. Abrazar las energías masculina y femenina no solo mejora el bienestar individual, sino que también enriquece las relaciones interpersonales, fomentando la comprensión mutua y la empatía. Al alcanzar el equilibrio interno, las personas pueden expresar auténticamente la totalidad de su ser, trascendiendo las limitaciones convencionales y abrazando una percepción del Yo más matizada e integrada.

8. Reflexiones culturales sobre los arquetipos del Ánimus y el Ánima:

Los arquetipos del Ánima y el Ánimus han estado profundamente arraigados en las narrativas y representaciones culturales de diversas civilizaciones, ofreciendo una profunda comprensión de la expresión colectiva de las energías masculina y femenina. En muchas tradiciones mitológicas antiguas, como la griega, la nórdica y la egipcia, presenciamos personificaciones del Ánima y el Ánimus a través de deidades, héroes y heroínas. Estas manifestaciones arquetípicas no solo reflejan los valores y normas culturales, sino que también encapsulan la eterna lucha e interacción entre los aspectos masculino y femenino de la psique humana. Además, las obras literarias y artísticas de diferentes culturas suelen representar los arquetipos del Ánima y el Ánimus de forma simbólica y alegórica. Por ejemplo, en la literatura clásica, la representación del Ánima y el Ánimus puede observarse en personajes que encarnan rasgos de género contrastantes, lo que sirve como conducto para explorar las complejidades humanas y las dinámicas interpersonales. Además, las tradiciones y rituales indígenas incorporan con frecuencia prácticas simbólicas que honran e integran la naturaleza dualista del Ánimus y el Ánima, enfatizando la importancia de la armonía y el equilibrio entre estas fuerzas primarias. Al reconocer la presencia omnipresente del Ánimus y el Ánimus en contextos culturales, reconocemos la perdurable importancia de estos arquetipos en la conformación de la comprensión humana del género, las relaciones y la autorrealización. La exploración de las reflexiones culturales sobre los arquetipos del Ánimus y el Ánima no solo enriquece nuestra comprensión del desarrollo psicológico individual, sino que también fomenta una mayor conciencia de la interacción entre los constructos sociales y las energías innatas masculinas y femeninas. Como tal, la integración de perspectivas culturales enriquece el enfoque holístico del Ánimus y el

Ánima, trascendiendo la introspección personal para abarcar las influencias socioculturales más amplias que moldean estas fuerzas arquetípicas dentro de la experiencia humana colectiva.

9. Enfoques terapéuticos para la integración del Ánimus y el Ánima:

Los enfoques terapéuticos para la integración del Ánimus y el Ánima implican el uso de técnicas psicoterapéuticas para ayudar a las personas a armonizar e integrar sus energías internas masculinas y femeninas, fomentando así una sensación de plenitud y equilibrio psíquico. Este proceso se guía por una profunda comprensión de las fuerzas arquetípicas que influyen en la dinámica inconsciente del individuo. Estos enfoques terapéuticos se nutren de diversas escuelas de psicología, como la psicología analítica, la psicología profunda y la terapia psicodinámica, para crear un marco integral que aborde la integración del Ánimus y el Ánimus.

El terapeuta desempeña un papel crucial al guiar a los clientes en el proceso de integración del Ánimus y el Ánima. La exploración del inconsciente del cliente mediante el análisis de los sueños, la imaginación activa y la interpretación simbólica es fundamental en este proceso. Al desentrañar los símbolos y las manifestaciones de los arquetipos del Ánimus y el Ánimus en la psique del cliente, el terapeuta ayuda a esclarecer el contenido inconsciente y a facilitar la consciencia. Esta consciencia es la piedra angular para iniciar el proceso de integración. Además, la relación terapéutica proporciona un espacio seguro para que el cliente interactúe y comprenda los aspectos masculinos y femeninos de su ser en un entorno de apoyo y sin prejuicios.

Las intervenciones terapéuticas pueden abarcar la exploración de la identidad de género y las influencias sociales que configuran la relación de un individuo con sus energías arquetípicas internas. Se emplean técnicas como el juego de roles, la terapia narrativa y la exploración del condicionamiento cultural y familiar para desentrañar la compleja interacción entre las experiencias personales y las influencias colectivas. Al examinar las normas y expectativas sociales relacionadas con los roles de género, los clientes pueden comprender cómo estos factores externos han moldeado sus arquetipos de Ánima y Ánimus, permitiéndoles así gestionar e integrar estas polaridades con mayor eficacia.

La psicoeducación sobre los arquetipos del Ánima y el Ánimus forma parte integral del proceso terapéutico. Se educa a los clientes sobre la historia y la importancia de estos arquetipos, sus representaciones simbólicas y su influencia en el desarrollo personal. Comprender la naturaleza arquetípica del Ánima y el Ánimus permite a los clientes abordar el proceso de integración con una mayor autoconciencia y una comprensión más profunda del potencial transformador inherente a la aceptación de sus dualidades internas.

En definitiva, los enfoques terapéuticos para la integración del Ánimus y el Ánima conectan los conceptos teóricos de la psicología junguiana con la aplicación práctica en el ámbito de la sanación y el crecimiento personal. Al proporcionar un entorno estructurado y de apoyo para que los clientes exploren e integren sus dinámicas inconscientes, estos enfoques contribuyen al desarrollo de un yo más unificado e individualizado.

ETAPAS DE LA INDIVIDUACIÓN

El encuentro inicial

En el proceso de individuación, el encuentro inicial con la persona representa una etapa crucial en el proceso de autodescubrimiento y desarrollo psicológico. La persona, según la psicología junguiana, abarca los roles que desempeñamos, las identidades que adoptamos y las características externas que exhibimos para ajustarnos a las expectativas y normas sociales. La confrontación con la persona implica una exploración profunda del Yo genuino, más allá de las convenciones y expectativas sociales. Este proceso introspectivo requiere que las personas evalúen críticamente sus creencias, comportamientos y autopercepciones, moldeadas por influencias externas. Al desvelar las capas de la persona, las personas comprenden su verdadera naturaleza, aspiraciones y motivaciones intrínsecas. Este viaje introspectivo a menudo implica momentos de disonancia y disonancia cognitiva, ya que las personas se enfrentan a la discrepancia entre su yo auténtico y la persona que presentan a los demás. Además, la revelación de las limitaciones y restricciones de la personalidad puede generar sentimientos de vulnerabilidad e incertidumbre, impulsando a las personas a embarcarse en la búsqueda de la autoautenticidad y la autorrealización. A medida que las personas atraviesan esta fase, se enfrentan al reto de distinguir entre las personalidades socialmente construidas y la esencia de su ser. En consecuencia, este proceso les permite desprenderse del condicionamiento social y abrazar su individualidad única. Además, la confrontación con la personalidad sienta las bases para cultivar una comprensión más profunda de las dimensiones multifacéticas de la psique humana. Al aceptar la complejidad de la personalidad y reconocer su influencia, las personas pueden embarcarse en una odisea transformadora hacia la integración y la plenitud personal. Además, esta fase ejemplifica un momento crucial para fomentar la empatía y la compasión hacia uno mismo y hacia los demás, ya que los matices de la dinámica de la personalidad se revelan a través de la introspección y la autoconciencia. En conclusión, el encuentro inicial con la personalidad marca el comienzo de una expedición interior que impulsa a las personas hacia una profunda autorrealización, autenticidad y resiliencia.

Compromiso con la Sombra

Cuando las personas emprenden el camino de la individuación, se enfrentan a la imperativa tarea de integrar estos elementos ocultos en su consciencia. El proceso de interactuar con la sombra es transformador, ya que implica reconocer, aceptar y reconciliarse con las facetas más oscuras de la propia personalidad.

Al principio, las personas pueden resistirse a reconocer la existencia de su sombra, a menudo atribuyendo rasgos negativos o indeseables a fuentes externas. Sin embargo, mediante la introspección y la autoexploración, la sombra se revela gradualmente, exigiendo reconocimiento e integración. Este encuentro evoca sentimientos de incomodidad, ya que desafía la autoimagen establecida y las expectativas sociales. Se requiere considerable coraje y resiliencia psicológica para adentrarse en las profundidades de la sombra, aceptando sus complejidades sin sucumbir a la negación ni la evasión.

A medida que las personas comienzan el proceso de integración de la sombra, se ven obligadas a confrontar emociones no resueltas, traumas pasados y deseos reprimidos que han quedado relegados al inconsciente. Sin abordar estos elementos reprimidos, las personas permanecen limitadas por sus propios conflictos internos, lo que inhibe el crecimiento personal y el desarrollo psicológico. Mediante una introspección meticulosa e intervenciones terapéuticas, las personas pueden esclarecer gradualmente los aspectos ocultos de su sombra, descubriendo profundas perspectivas sobre su naturaleza multifacética.

La integración de la sombra trasciende las revelaciones personales y abarca las dinámicas interpersonales. Al reconocer y asimilar los elementos reprimidos, las personas cultivan la empatía, la compasión y la comprensión hacia los demás, reconociendo las vulnerabilidades compartidas y la humanidad intrínseca. Esta transformación trasciende los límites de la psique individual, permeando las relaciones y fomentando conexiones profundas basadas en la aceptación auténtica y el respeto mutuo.

En el contexto de la individuación, la interacción con la sombra actúa como catalizador esencial para la transformación interior, allanando el camino hacia una mayor autoconciencia y plenitud psicológica. Representa el arduo pero enriquecedor proceso de sintetizar los aspectos fragmentados del Yo, contribuyendo en última instancia a la realización del potencial innato y la autenticidad.

El equilibrio de los opuestos internos

El encuentro con el Ánima/Ánimus a menudo se manifiesta como proyecciones en figuras externas antes de que comience el proceso de internalización e integración. Involucrarse con el Ánima/Ánimus implica un profundo viaje introspectivo que requiere que las personas confronten las normas estereotipadas de género y los constructos sociales predefinidos. Implica reconocer y aceptar cualidades tradicionalmente asociadas con el sexo opuesto, fomentando así un entorno propicio para el autodescubrimiento y la aceptación holística. El proceso exige una introspección y reflexión sinceras, que permiten a las personas reconocer y aceptar la dualidad inherente a su psique. Además, este viaje facilita la superación de polaridades, fomentando una mayor sensación de plenitud y equilibrio en el individuo. La asimilación del Ánima/Ánimus es fundamental para promover un sentido de identidad integrado y auténtico, trascendiendo las dicotomías convencionales y permitiendo la realización de una identidad personal más completa. A lo largo de este proceso transformador, se anima a las personas a explorar vías artísticas y creativas como vías para interactuar y expresar las múltiples facetas de su Ánima/Ánimus. Estos esfuerzos sirven como mecanismos poderosos para fomentar una conexión más profunda con estos aspectos, fomentando así una comprensión más profunda de las complejidades inherentes a la psique. Además, interactuar con el Ánima/Ánimus requiere una delicada armonía entre la aceptación de estos arquetipos internos y el reconocimiento de los posibles conflictos que puedan surgir. Implica gestionar la naturaleza dicotómica de estos elementos, trabajar por su coexistencia armoniosa y forjar una narrativa interna cohesiva.

Surgimiento del Yo

El recorrido por las etapas de la individuación conduce finalmente al surgimiento del Yo, un proceso complejo de descubrimiento de la unidad interior. En esta etapa crucial, las personas experimentan una profunda sensación de integración y plenitud al trascender la fragmentación de su psique. Mediante la reconciliación de fuerzas opuestas y la asimilación de elementos inconscientes, la persona comienza a reconocer y abrazar su auténtica identidad. Este surgimiento significa la culminación del proceso de individuación, marcando una transformación significativa en su desarrollo psicológico. A medida que emerge el Yo, las personas se sintonizan mejor con su verdadera naturaleza, cultivando una mayor conciencia de sus fortalezas, valores y propósito únicos. Esta nueva autoconciencia les permite alinearse con sus deseos y aspiraciones genuinos, trascendiendo las expectativas sociales y las influencias externas. Con un mayor autoconocimiento, las personas transitan la vida con claridad y convicción, tomando decisiones intencionales y congruentes con su verdad interior. El surgimiento del Yo también fomenta una profunda sensación de paz interior y armonía, a medida que las personas encuentran el equilibrio en medio de las complejidades de sus mundos interno y externo. Con esta nueva coherencia interna, las personas pueden participar de forma auténtica y significativa en sus relaciones interpersonales, fomentando conexiones más profundas y una mayor comprensión con los demás. Además, el descubrimiento de la unidad interior allana el camino para una mayor creatividad y autoexpresión, ya que las personas acceden a una rica fuente de autenticidad y originalidad personal. Este desarrollo creativo permite a las personas aportar perspectivas e innovaciones únicas al mundo, enriqueciendo no solo sus propias vidas, sino también las de quienes las rodean. Además, el surgimiento del Yo es un proceso continuo y dinámico que invita a las personas a cultivar una relación continua con su identidad en evolución. Esta exploración y refinamiento continuos generan un sentido de resiliencia y adaptabilidad, que permite a las personas afrontar los desafíos de la vida con firmeza y flexibilidad.

El papel de los sueños y los símbolos en el desarrollo psicológico

En el ámbito de los sueños, las imágenes simbólicas suelen surgir como representación del contenido inconsciente que busca integrarse en la consciencia. El análisis de estos símbolos establece un puente entre la consciencia y el material inconsciente. A través del análisis de los sueños, las personas pueden explorar las profundidades de su psique, descubrir emociones reprimidas y comprender mejor sus conflictos y deseos internos.

El simbolismo arquetípico presente en los sueños conecta a las personas con experiencias y emociones humanas universales. Estos arquetipos, como el héroe, la sombra o el anciano sabio, resuenan en distintas culturas y épocas, y poseen un significado e influencia colectivos. Al reconocer y conectar con estos símbolos arquetípicos, las personas pueden conectar con narrativas humanas compartidas y trascender las limitaciones personales, fomentando la integración y el autodescubrimiento.

Los símbolos no se limitan al mundo onírico; también se manifiestan en la vida consciente a través de diversos medios como el arte, la religión y los rituales culturales. Por ejemplo, los símbolos religiosos poseen un profundo significado y proporcionan un marco para comprender las preguntas existenciales y los misterios de la vida. De igual manera, la expresión artística sirve como canal para la manifestación de material inconsciente, permitiendo al individuo exteriorizar y confrontar aspectos de su yo mediante la creatividad.

Jung enfatizó la importancia de la imaginación activa como herramienta para interactuar con símbolos y arquetipos. Al dialogar activamente con estos símbolos mediante la expresión creativa, las personas pueden comprender mejor las fuerzas inconscientes que configuran su comportamiento y percepciones. Este proceso fomenta la introspección, el crecimiento personal y la integración de elementos dispares dentro de la psique.

El estudio de las narrativas mitológicas y el folclore revela símbolos y motivos recurrentes que reflejan aspectos fundamentales de la experiencia humana. Estos relatos y símbolos atemporales ofrecen sabiduría y guía, creando un rico entramado que permite a las personas contextualizar sus propios caminos hacia la individuación.

Transformación a través de la creatividad y la expresión

La transformación a través de la creatividad y la expresión permite a las personas acceder e integrar material inconsciente en la conciencia. Las actividades creativas como el arte, la música, la escritura y otras formas de expresión proporcionan un canal para explorar y dar forma a las profundidades de la psique. Carl Jung enfatizó la importancia de conectar con el impulso creativo como medio para fomentar el crecimiento psicológico y la autorrealización. A través de actos creativos, las personas pueden revelar aspectos ocultos de su ser interior, afrontar conflictos no resueltos y dar sentido a sus experiencias vividas. El acto de crear se convierte en un puente entre los dominios consciente e inconsciente, facilitando la expresión de temas arquetípicos y símbolos universales que resuenan con el inconsciente colectivo. Al participar en procesos creativos, las personas pueden acceder a representaciones simbólicas de su inconsciente personal y colectivo, iniciando un viaje transformador hacia la plenitud. Además, la creatividad ofrece un modo de comunicación no verbal que trasciende las barreras lingüísticas, permitiendo a las personas articular emociones y experiencias complejas que de otro modo podrían eludir la comprensión consciente. Esta vía de expresión ofrece un espacio seguro para explorar e integrar aspectos del Yo que se han negado o marginado, promoviendo una sensación de armonía y equilibrio internos. Además, el acto de crear puede servir como liberador de la tensión psicológica, ofreciendo una vía catártica para la expresión y el procesamiento emocional. Además, las iniciativas creativas a menudo implican un proceso de reimaginación del mundo, permitiendo a las personas trascender los patrones de pensamiento convencionales y las normas sociales, fomentando así perspectivas innovadoras y soluciones novedosas a los conflictos internos. Más allá de su impacto personal, la expresión creativa también puede contribuir al enriquecimiento de la cultura colectiva, sirviendo como fuente de inspiración y comprensión para los demás.

Interacción de experiencias personales e inconsciente colectivo

Las experiencias personales influyen innegablemente en la comprensión que un individuo tiene del mundo y de sí mismo. Sin embargo, Carl Jung postuló que las experiencias personales no son los únicos determinantes de la psique de una persona. El inconsciente colectivo, tal como lo concibió Jung, es un reservorio de imágenes y arquetipos primordiales compartidos por toda la humanidad, que influyen en los individuos a nivel subconsciente. La interacción entre las experiencias personales y el inconsciente colectivo es una dinámica compleja que impacta profundamente en el desarrollo psicológico de un individuo. En el centro de esta interacción se encuentra el concepto de individuación, que implica integrar las experiencias personales con los símbolos y motivos universales del inconsciente colectivo para alcanzar una sensación de plenitud y autorrealización. Al examinar la interacción entre las experiencias personales y el inconsciente colectivo, se hace evidente que ambos contribuyen a la formación de la identidad y la psique de un individuo. Las experiencias personales, incluyendo los recuerdos de la primera infancia, los eventos vitales significativos y las relaciones, configuran la narrativa consciente y el panorama emocional de un individuo. Estas experiencias pueden evocar fuertes emociones, miedos, deseos y motivaciones, influyendo en patrones de comportamiento y procesos de toma de decisiones. Por otro lado, el inconsciente colectivo ejerce su influencia a través de imágenes arquetípicas y representaciones simbólicas que resuenan en distintas culturas y épocas. Sueños, fantasías, mitos y motivos religiosos son manifestaciones del inconsciente colectivo y pueden dotar a las experiencias personales de un significado y una trascendencia más profundos. El proceso de individuación requiere que la persona interactúe tanto con las experiencias personales como con el inconsciente colectivo de una manera que reconozca e integre sus respectivas influencias. Esto a menudo implica explorar la propia narrativa personal, identificar temas y patrones recurrentes y reconocer los elementos arquetípicos subyacentes presentes en sus experiencias. Al descubrir el contenido simbólico de las experiencias personales y relacionarlo con arquetipos universales, las personas pueden comprender mejor sus motivaciones inconscientes, conflictos y potencial de crecimiento. Además, la integración de las experiencias personales con el simbolismo arquetípico puede fomentar una mayor comprensión de uno mismo y cultivar un sentido de conexión con la experiencia humana más amplia. Sin embargo, la interacción entre las experiencias personales y el inconsciente colectivo no está exenta de desafíos. Las personas pueden encontrar resistencia o escepticismo al enfrentarse a la idea de un inconsciente colectivo o a la importancia de las imágenes arquetípicas en sus vidas. Además, reconciliar las experiencias personales con los patrones arquetípicos puede ser un proceso profundamente introspectivo y, en ocasiones, confrontativo, que requiere que las personas confronten emociones reprimidas, conflictos internos y preguntas existenciales. Las influencias culturales y sociales pueden moldear la interpretación de las experiencias personales y el simbolismo arquetípico, añadiendo una capa adicional de complejidad a la interacción entre lo personal y lo colectivo. Reconocer y abordar estos desafíos es esencial para quienes emprenden el camino de la individuación. Al hacerlo, pueden desarrollar una conciencia más profunda de la interconexión de las narrativas personales con temas universales, lo que facilita una participación más rica y significativa en el proceso de desarrollo psicológico.

Desafíos y resistencias en el camino de la individuación

A medida que las personas se adentran en las profundidades de su inconsciente, a menudo se enfrentan a obstáculos formidables que ponen a prueba su determinación y compromiso con el desarrollo psicológico. Uno de los principales desafíos en la búsqueda de la individuación es la resistencia del ego. El ego, al ser la parte consciente de la psique, a menudo se resiste a integrar los contenidos inconscientes en su esfuerzo por mantener patrones y estructuras familiares. Esta resistencia puede manifestarse como miedo, ansiedad o reticencia a aceptar los aspectos desconocidos del Yo. Superar esta resistencia innata requiere valentía y la voluntad de trascender las limitaciones de las defensas del ego.

El proceso de individuación puede generar conflictos internos y agitación emocional a medida que las personas lidian con aspectos reprimidos o negados de su personalidad. Enfrentarse a la sombra del Yo y reconocer su existencia puede evocar sentimientos de vergüenza, culpa e incomodidad. Estas luchas emocionales representan obstáculos significativos en el camino hacia la individuación, exigiendo introspección, autocompasión y la aceptación de la complejidad inherente de cada uno.

Otro desafío formidable surge de las influencias sociales y culturales que imponen normas, expectativas y valores colectivos a los individuos. Estas presiones externas pueden obstaculizar la expresión auténtica de la individualidad, generando una sensación de fragmentación y alienación. Superar estas influencias externas exige un análisis crítico del condicionamiento social y el cultivo de la autonomía para alinear los valores personales con la evolución del Yo.

La lucha por integrar fuerzas arquetípicas en conflicto, como el Ánima y el Ánimus, presenta un profundo desafío en el proceso de individuación. Equilibrar estas polaridades internas requiere una reconciliación armoniosa de rasgos y cualidades opuestos, lo que requiere una profunda comprensión de las dinámicas relacionales y la identidad de género en la psique.

Enfrentar dilemas existenciales, afrontar miedos existenciales y aceptar cuestionamientos existenciales constituyen dimensiones adicionales de los desafíos que se encuentran en el camino de la individuación. Estos desafíos esenciales impulsan a las personas a confrontar las realidades fundamentales de la existencia, impulsando una profunda indagación sobre el significado y el propósito de la vida, la mortalidad y la condición humana.

Consolidación y Continuidad

A medida que las personas recorren el camino de la individuación, inevitablemente se enfrentan a diversos desafíos y resistencias que se erigen como formidables barreras para alcanzar la plenitud. Superar estos obstáculos requiere un proceso de consolidación y continuidad, en el que los aspectos fragmentados de la psique se integran para culminar en un estado de unidad y completitud. Esta fase marca la culminación del proceso de individuación, lo que significa la consecución del equilibrio y la armonía psicológicos. Alcanzar la plenitud implica la asimilación consciente de los diversos elementos psicológicos descubiertos durante el proceso de transformación, lo que conduce a la armonización de los aspectos conflictivos de la personalidad.

Un aspecto central del camino hacia la plenitud es el reconocimiento y la reconciliación de las polaridades internas. Esto implica aceptar e integrar el lado oscuro: los aspectos del inconsciente que han sido suprimidos o negados. Al reconocer y asimilar estos elementos oscuros, las personas fomentan el equilibrio interior y obtienen una comprensión más profunda de su verdadera naturaleza. Además, alcanzar la plenitud implica reconciliar los conflictos y tensiones internos mediante un proceso de alineación, lo que facilita el surgimiento de un sentido de identidad unificado y auténtico.

La búsqueda de la plenitud también abarca el desarrollo sostenido de la identidad individual, trascendiendo las expectativas y normas sociales. Exige la expresión auténtica de la esencia única y la realización de nuestro potencial más profundo. En este contexto, las personas se ven obligadas a reconocer sus capacidades creativas intrínsecas y a participar en iniciativas que faciliten la autoexpresión y la evolución personal. A través de actividades creativas como el arte, la música, la escritura u otras formas de expresión, las personas encarnan su riqueza interior y continúan el proceso de integración y plenitud.

Alcanzar la plenitud implica cultivar una conexión significativa con el inconsciente colectivo, accediendo a su vasto manantial de energías y símbolos arquetípicos para enriquecer aún más el paisaje interior del individuo. Esta conexión fomenta un profundo sentido de pertenencia e interconexión, anclando al individuo en un vasto tapiz de experiencias humanas compartidas. Al reconocer y honrar estos patrones arquetípicos universales, las personas cultivan un profundo sentido de continuidad y propósito, contribuyendo a la realización de una existencia holística e integrada.

En definitiva, alcanzar la plenitud significa la culminación del proceso de individuación, donde las personas abrazan su naturaleza multifacética y se alinean con su yo auténtico. El camino hacia la plenitud implica un compromiso continuo con la introspección, la reflexión y el crecimiento, que culmina en la unificación de elementos dispares dentro de la psique. A medida que las personas aceptan su complejidad y exploran las complejidades de su mundo interior, trascienden la fragmentación y emergen como seres completos e integrados, encarnando el poder transformador de la individuación.

INDIVIDUACIÓN VERSUS DESARROLLO PSICOSEXUAL

Fundamentos del desarrollo psicosexual de Freud

Según Sigmund Freud, padre del psicoanálisis, la personalidad humana se configura mediante la interacción de los impulsos biológicos y las influencias sociales durante las distintas etapas del desarrollo psicosexual. Freud postuló cinco etapas secuenciales en su teoría psicosexual: oral, anal, fálica, latente y genital, cada una caracterizada por zonas erógenas y desafíos de desarrollo únicos. La etapa oral, que abarca desde el nacimiento hasta los 18 meses, gira en torno a la principal fuente de placer del bebé: la boca. Freud enfatizó la importancia de las experiencias de alimentación y destete en esta etapa, sugiriendo que los conflictos no resueltos pueden conducir a la fijación y a los consiguientes rasgos de personalidad. Posteriormente, la etapa anal, que abarca desde los 18 meses hasta los 3 años, se centra en el control de esfínteres y el control del niño sobre las funciones corporales, con posibles implicaciones para el autocontrol y el orden en la edad adulta. La etapa fálica, que suele desarrollarse entre los 3 y los 6 años, introduce los complejos de Edipo y Electra, fundamentales en la formación del superyó y la identidad de género. Estas experiencias tempranas influyen profundamente en las relaciones y la perspectiva vital del individuo. Tras la etapa fálica, sigue la fase latente, que se manifiesta desde los 6 años hasta la pubertad y se caracteriza por la represión de los impulsos sexuales y la concentración en actividades intelectuales y sociales. Finalmente, la etapa genital abarca desde la pubertad hasta la edad adulta, destacando los intereses sexuales maduros y la capacidad para las relaciones íntimas. Si bien la teoría psicosexual de Freud ha recibido tanto elogios como críticas, su impacto en el discurso psicológico es innegable. Su énfasis en las experiencias de la primera infancia y sus efectos perdurables continúa informando los enfoques terapéuticos y los paradigmas teóricos de la psicología contemporánea.

Divergencia en los fundamentos conceptuales

Al analizar la divergencia en los fundamentos conceptuales entre la individuación de Jung y el desarrollo psicosexual de Freud, es imperativo ahondar en sus distintos fundamentos teóricos. Mientras que la teoría psicoanalítica de Freud se centra predominantemente en el papel de los instintos sexuales y las sucesivas etapas del desarrollo libidinal, el proceso de Individuación de Jung enfatiza la integración y armonización de los elementos arquetípicos dentro de la psique. Este contraste fundamental dilucida cómo las dos teorías divergen en su enfoque para comprender el desarrollo humano y la maduración psicológica. El énfasis de Freud en la importancia de las experiencias de la primera infancia y la influencia de la libido en la formación de los rasgos de personalidad contrasta marcadamente con la concepción junguiana de la individuación como un proceso transformador e integrador que trasciende el ámbito puramente instintivo.

Los conceptos de la mente inconsciente difieren significativamente en ambas teorías. Freud postula la presencia del ello, el Yo y el superyó como componentes estructurales de la psique, siendo el ello la reserva de los instintos primarios impulsados por el principio del placer. En contraste, Jung introduce la noción del inconsciente colectivo, que alberga representaciones simbólicas universales llamadas arquetipos, que ejercen una profunda influencia en el desarrollo psicológico del individuo. Esta distinción subraya la divergencia en sus fundamentos conceptuales, iluminando las diferentes perspectivas a través de las cuales perciben las profundidades de la psique humana.

La interpretación de la motivación y el comportamiento humanos varía notablemente en ambas teorías. La teoría de Freud enfatiza el papel fundamental de los impulsos inconscientes, en particular los instintos sexuales y agresivos, en el control de las acciones humanas. En contraste, el marco de individuación de Jung define un alcance más amplio que abarca aspectos espirituales, creativos y trascendentales. Esta divergencia en los fundamentos conceptuales configura inherentemente las premisas subyacentes de cada teoría, retratando distintas manifestaciones de la naturaleza humana y las complejidades inherentes a la psique humana.

Las orientaciones filosóficas de Freud y Jung también contribuyen a la disparidad en sus marcos conceptuales. La teoría de Freud se basa profundamente en una perspectiva determinista, que atribuye el comportamiento humano a factores biológicos predeterminados y experiencias tempranas. Por el contrario, la psicología analítica de Jung adopta una postura más teleológica, enfatizando la naturaleza aspiracional de la individuación hacia la autorrealización y la plenitud. Este contraste filosófico no solo acentúa la divergencia en sus fundamentos conceptuales, sino que también aclara los diferentes puntos de vista sobre el propósito y la trayectoria de la existencia humana.

Procesos paralelos

El concepto de individuación de Jung enfatiza la integración de los aspectos conscientes e inconscientes de la psique, destacando la trascendencia de los arquetipos personales y colectivos como elemento fundamental para la realización de la identidad. Este proceso profundamente transformador abarca el camino hacia la plenitud y la realización del potencial único de cada uno. Por otro lado, la teoría del desarrollo psicosexual de Freud gira en torno a la progresión a través de distintas etapas psicosexuales, donde la resolución de los conflictos relacionados con las zonas erógenas determina la estructura de la personalidad de un individuo.

El examen de procesos paralelos requiere una exploración crítica del papel de la autoconciencia y la influencia de las experiencias tempranas en la construcción de la identidad. Jung postula que el proceso de individuación implica el encuentro e integración de la sombra, el Ánima/Ánimus y otros componentes arquetípicos, lo que conduce a una alineación armoniosa entre lo consciente y lo inconsciente. Por otro lado, el énfasis de Freud en el impacto de las experiencias infantiles, en particular las relacionadas con la satisfacción o frustración de los instintos básicos, subraya la influencia formativa de las relaciones tempranas y el desarrollo de mecanismos de defensa.

La interacción entre impulsos y deseos conscientes e inconscientes desempeña un papel central en ambos marcos, si bien en contextos diferentes. El enfoque de Jung en la transformación de los contenidos inconscientes y la manifestación del Yo se asemeja a la exploración freudiana del ello, el Yo y el superyó como componentes dinámicos que configuran el comportamiento y la personalidad humana. Esto se asemeja a la red de conflictos internos y sus resoluciones que allanan el camino para un sentido cohesivo del Yo en ambas teorías.

Las trayectorias de desarrollo articuladas por Jung y Freud ofrecen perspectivas complementarias sobre la naturaleza multifacética de la formación de la identidad y el crecimiento psicológico. Mientras que la individuación de Jung subraya la búsqueda trascendente de la autorrealización y la evolución espiritual, el desarrollo psicosexual de Freud enfatiza el impacto formativo de las experiencias tempranas y los conflictos intrapsíquicos en la constitución de la personalidad.

Formación de la identidad y crecimiento psicológico

El proceso de formación de la identidad abarca la compleja interacción de las experiencias individuales, las influencias sociales y las dinámicas psicológicas internas. El concepto de individuación de Jung enfatiza la integración y armonización de diversos aspectos del Yo, incluyendo la exploración de arquetipos y el inconsciente colectivo. Este enfoque holístico se centra en lograr un sentido de identidad equilibrado y auténtico, trascendiendo las expectativas sociales y las influencias inconscientes.

En contraste, la teoría del desarrollo psicosexual de Freud destaca la importancia de las experiencias de la primera infancia, en particular la formación de la personalidad a través de distintas etapas relacionadas con las zonas erógenas. Según Freud, los conflictos no resueltos durante estas etapas pueden conducir a la fijación e influir en las conductas y perspectivas adultas del individuo.

El proceso de formación de la identidad implica la construcción de una identidad coherente que se adapte a la interacción dinámica entre los elementos conscientes e inconscientes de la psique humana. Implica la exploración y la posterior integración de diversos motivos arquetípicos que influyen en los pensamientos, emociones y comportamientos de cada individuo. A través de este proceso, las personas se esfuerzan por reconocer y reconciliar sus propios patrones emocionales y cognitivos, lo que facilita el crecimiento personal y la adaptación a los desafíos de la vida.

El crecimiento psicológico es un proceso multifacético que abarca el desarrollo de la autoconciencia, las relaciones interpersonales y la adaptación a las transiciones de la vida. Jung enfatizó la importancia del crecimiento psicológico como una búsqueda permanente que conduce a una existencia más integrada y armoniosa. Por otro lado, el enfoque de Freud en el impacto de las experiencias de la primera infancia en el desarrollo posterior subraya la influencia perdurable de los años de formación en la identidad y el funcionamiento psicológico del individuo.

El papel de los arquetipos frente a las zonas erógenas

Los arquetipos, según Jung, son símbolos y patrones universales que residen en el inconsciente colectivo y moldean las experiencias y percepciones del individuo. Estos símbolos atemporales e interculturales desempeñan un papel fundamental en el proceso de individuación, sirviendo como modelos para la integración psicológica y el crecimiento personal. En contraste, el énfasis de Freud en las zonas erógenas destaca la importancia del placer físico y las etapas del desarrollo psicosexual durante la infancia y la niñez como factores formativos de la personalidad. La preocupación por la exploración y resolución de conflictos relacionados con zonas erógenas específicas ejemplifica el marco psicoanalítico de Freud. Sin embargo, si bien ambos marcos reconocen la importancia de las experiencias tempranas en la formación de la psique individual, la conceptualización de estas influencias formativas difiere significativamente. El énfasis de Jung en los arquetipos trasciende las etapas individuales del desarrollo y subraya un enfoque más holístico y trascendente para comprender la psique humana, incorporando elementos que van más allá de las necesidades y deseos físicos básicos. Además, el papel de los arquetipos en la psicología junguiana se extiende al campo de los mitos culturales, el simbolismo y las dimensiones espirituales, proporcionando un panorama más amplio para el proceso de individuación, lo que contrasta marcadamente con la perspectiva más exclusivamente psicosexual de la teoría freudiana. La influencia de los arquetipos en la manifestación de temas y motivos universales en diferentes culturas respalda la afirmación de Jung de que la individuación no se limita a experiencias sexuales o de desarrollo singulares, sino que abarca un espectro más amplio de la existencia humana. Por el contrario, la concentración de Freud en las zonas erógenas refleja un enfoque más estrecho en la resolución de la energía libidinal y las dinámicas interpersonales arraigadas en las experiencias de la primera infancia. Este énfasis saca a la luz una perspectiva contrastante sobre los procesos formativos que afectan el crecimiento y la integración psicológicos.

Integración versus Fijación

La integración, según la propuesta de Jung, se refiere al proceso de armonizar los aspectos conscientes e inconscientes del Yo, lo que conduce a una personalidad equilibrada e individualizada. Por otro lado, la teoría de Freud enfatiza el papel crucial de la resolución de conflictos en etapas específicas del desarrollo psicosexual para evitar la fijación y asegurar un funcionamiento saludable en la edad adulta.

Examinar los resultados de estos procesos ofrece valiosas perspectivas sobre las complejidades del crecimiento psicológico humano. En la psicología junguiana, la integración exitosa genera una sensación de plenitud y autorrealización, donde las personas desarrollan una profunda comprensión de su identidad y propósito únicos. Este enfoque holístico fomenta mecanismos de afrontamiento adaptativos y la resiliencia ante los desafíos de la vida, contribuyendo al bienestar general.

Por otro lado, el énfasis de Freud en abordar los conflictos dentro de cada etapa psicosexual resalta las implicaciones de las fijaciones no resueltas. La fijación en una etapa específica puede conducir a patrones de comportamiento y tendencias emocionales persistentes, que afectan las relaciones, la toma de decisiones y la autopercepción. Las consecuencias de la fijación a menudo se manifiestan como neurosis o conductas desadaptativas, lo que dificulta la realización individual y el desarrollo personal.

Los resultados comparativos de la integración y la fijación arrojan luz sobre los distintos grados de agencia y determinismo dentro de cada marco teórico. El concepto de individuación de Jung enfatiza la capacidad inherente de autodescubrimiento y crecimiento, empoderando a las personas para participar activamente en su maduración y transformación psicológica. Por otro lado, el desarrollo psicosexual de Freud subraya la importancia de las experiencias tempranas y las influencias externas en la formación de la personalidad adulta, lo que indica una perspectiva más determinista.

Un análisis matizado de estos resultados comparativos invita a considerar la interacción entre la naturaleza y la crianza, la autonomía y el impacto ambiental, y la naturaleza dinámica del desarrollo humano. Además, fomenta una comprensión más profunda de los factores multifacéticos que contribuyen a las diferencias individuales, destacando los diversos caminos que recorren las personas en su evolución psicológica.

Implicaciones teóricas y críticas

Una de las principales áreas de divergencia entre Freud y Jung reside en sus perspectivas opuestas sobre el papel de los procesos inconscientes en la formación de la personalidad. El énfasis de Jung en el inconsciente colectivo y los arquetipos como fuerzas fundamentales en la individuación contrasta marcadamente con el enfoque de Freud en la influencia de las experiencias de la primera infancia, en particular las relacionadas con la sexualidad y el complejo de Edipo. Esta diferencia fundamental tiene profundas implicaciones para la comprensión del desarrollo humano y la naturaleza de la transformación psicológica.

La evaluación crítica de estos dos marcos también invita a examinar su aplicabilidad y universalidad en diversos contextos culturales y sociales. Si bien tanto Jung como Freud se desenvolvieron en entornos históricos y culturales particulares, se ha suscitado preocupación sobre hasta qué punto sus teorías pueden generalizarse más allá de las sociedades occidentales e individualistas. El posible sesgo etnocéntrico de estas teorías exige un análisis matizado para discernir su grado de relevancia en entornos multiculturales globales.

Los fundamentos teóricos y los enfoques terapéuticos resultantes de estos marcos no han estado exentos de críticas. Los métodos psicoanalíticos de Freud, centrados principalmente en el descubrimiento de recuerdos reprimidos y la resolución de conflictos no resueltos, han suscitado debates sobre la posible retraumatización de las personas y la naturaleza subjetiva de la interpretación. Por otro lado, los conceptos de Jung, si bien abarcan una dimensión más holística y espiritual, han suscitado escepticismo en cuanto a su rigor científico y fundamentación empírica.

Las críticas se extienden a las implicaciones prácticas de estas teorías en entornos clínicos y contextos sociales más amplios. Abundan las preguntas sobre los sesgos de género inherentes a los constructos de Freud y el posible refuerzo de los roles de género tradicionales. De igual manera, la teoría de los arquetipos de Jung ha sido objeto de escrutinio por su potencial para perpetuar nociones esencialistas sobre la identidad y limitar la autonomía individual.

En conclusión, si bien el análisis comparativo de la individuación de Jung y el desarrollo psicosexual de Freud arroja luz sobre perspectivas cruciales en los ámbitos de la formación de la personalidad y el crecimiento psicológico, también revela un espectro de implicaciones teóricas y críticas que exigen una reflexión y un refinamiento profundos. Abordar estas complejidades es fundamental para avanzar hacia una comprensión más inclusiva y completa de la psicología humana.

CRÍTICAS Y CONTRAARGUMENTOS

Objeciones filosóficas y teóricas

Al explorar la teoría de la individuación de Jung, es crucial considerar las objeciones filosóficas y teóricas que se han planteado a lo largo del tiempo. Una de las principales objeciones filosóficas gira en torno a la naturaleza subjetiva de conceptos junguianos como los arquetipos y el inconsciente colectivo. Los críticos argumentan que estos conceptos son inherentemente abstractos y carecen de fundamento empírico, lo que plantea dudas sobre su validez en el marco de la investigación científica. Además, las objeciones teóricas abarcan preocupaciones sobre la complejidad y ambigüedad del proceso de individuación. Algunos académicos sostienen que el énfasis de Jung en el camino del individuo hacia la autorrealización puede pasar por alto las dinámicas socioculturales y las estructuras de poder más amplias que configuran las experiencias individuales. Esto plantea preguntas fundamentales sobre la universalidad y la aplicabilidad de la teoría en diversos contextos y sociedades. Además, desde un punto de vista teórico, existen debates en curso sobre la integración de la espiritualidad y el misticismo en la psicología junguiana. Los críticos argumentan que la incorporación de elementos espirituales difumina los límites entre la psicología y la teología, lo que podría comprometer el rigor científico de la teoría. Además, las objeciones filosóficas se extienden a los posibles matices deterministas en la conceptualización de los arquetipos y el inconsciente colectivo. Los críticos advierten contra la reducción del comportamiento y las experiencias humanas a patrones predeterminados, enfatizando la necesidad de una comprensión más matizada de la agencia individual y las influencias culturales.

Desafíos empíricos

La naturaleza de la individuación, centrada en las experiencias individuales, las percepciones subjetivas y el crecimiento personal, plantea importantes obstáculos para la investigación empírica. Los métodos empíricos tradicionales suelen priorizar fenómenos cuantificables y observables, que podrían no captar plenamente las complejidades de la individuación. Además, la subjetividad inherente y la naturaleza interna de la individuación dificultan el desarrollo de herramientas de medición estandarizadas que puedan evaluar con precisión el progreso de un individuo a lo largo de su desarrollo. Asimismo, la naturaleza dinámica y no lineal de la individuación complica el establecimiento de criterios de medición o marcos de evaluación consistentes. Esta progresión no lineal y la variación individual en el proceso dificultan aún más los intentos de formular instrumentos de medición de aplicación universal. Asimismo, las consideraciones éticas en torno a la medición de experiencias profundamente personales y subjetivas plantean complejidades adicionales. La posible intrusión en el mundo interior de los individuos plantea interrogantes sobre el consentimiento informado, la privacidad y el posible impacto de los procesos de medición en las propias experiencias que pretenden capturar. El desarrollo de medidas integrales y sensibles para la individuación requiere la colaboración interdisciplinaria entre la psicología, la antropología, la filosofía y otros campos relevantes. Al integrar diversas perspectivas, los investigadores pueden esforzarse por crear herramientas de evaluación multifacéticas que abarquen la interacción de las dimensiones cognitivas, emocionales, sociales y culturales inherentes al proceso de individuación. La incorporación de métodos de investigación cualitativos, como entrevistas en profundidad, análisis narrativo y autoevaluaciones, ofrece un enfoque prometedor para captar los matices de la individuación más allá de las mediciones cuantitativas tradicionales. Estos enfoques cualitativos permiten a los investigadores profundizar en la rica gama de narrativas personales, influencias culturales y significados existenciales que sustentan la individuación, contribuyendo a una comprensión más holística de este proceso transformador. Además, los avances tecnológicos, como las simulaciones de realidad virtual y la monitorización psicofisiológica, presentan vías innovadoras para examinar la individuación en contextos en tiempo real y captar indicadores conductuales y fisiológicos sutiles del crecimiento psicológico. Sin embargo, las consideraciones éticas sobre el uso de estas tecnologías avanzadas en la investigación de aspectos altamente personales de la experiencia humana requieren una reflexión y una supervisión minuciosas. Para aceptar la complejidad y la riqueza de la individuación es necesario un enfoque matizado y multifacético de la medición, que reconozca la subjetividad intrínseca y la diversidad de los viajes individuales hacia la plenitud y la autorrealización.

Relativismo cultural

El relativismo cultural plantea un dilema importante en el discurso en torno a la teoría de la individuación propuesta por Carl Jung. Aborda la controvertida cuestión de si el proceso de individuación, tal como lo explica la psicología junguiana, es universalmente aplicable en diversos contextos culturales o si está inherentemente ligado a las especificidades y matices de cada cultura. Este debate se sitúa en la intersección de la teoría psicológica, la antropología y la sociología, y requiere una exploración profunda de la interacción entre las experiencias humanas universales y las prácticas y creencias culturalmente contingentes.

Los defensores de la universalidad argumentan que los elementos fundamentales de la individuación, como la realización del Yo y la integración del material inconsciente, son inherentes a la psique humana, independientemente de la diversidad cultural. Afirman que los motivos arquetípicos y las representaciones simbólicas que se encuentran en el proceso de individuación trascienden las fronteras culturales, lo que respalda una perspectiva universalista. Por el contrario, los defensores de la contextualidad cultural enfatizan la influencia de los determinantes socioculturales en los procesos y resultados de la individuación. Proponen que las manifestaciones de la individuación están moldeadas por normas, valores y rituales culturales, lo que resalta la necesidad de considerar la especificidad cultural en la aplicación de los principios junguianos.

El debate sobre el relativismo cultural en el marco de la individuación trasciende las conjeturas teóricas y profundiza en las implicaciones prácticas para la práctica clínica y la psicología transcultural. Impulsa una exploración de cómo las intervenciones terapéuticas basadas en el concepto de individuación deben adaptarse para dar cabida a la diversidad de trasfondos culturales y sistemas de creencias de las personas que buscan tratamiento psicológico. Además, plantea consideraciones éticas cruciales respecto a la imposición de marcos universalizados de desarrollo psicológico en contextos culturalmente distintos, lo que requiere una comprensión matizada de la dialéctica entre universalidad y contextualidad.

Al abordar el dilema del relativismo cultural, resulta imperativo entablar diálogos multifacéticos que integren perspectivas de la psicología multicultural, los estudios antropológicos y la neurociencia cognitiva. Estos intercambios interdisciplinarios pueden aportar valiosas perspectivas sobre las interacciones dinámicas entre los procesos psicológicos y las influencias culturales, enriqueciendo así nuestra comprensión de las complejidades inherentes a la teoría de la individuación. Mediante el análisis del relativismo cultural, podemos abordar las paradojas de la universalidad y la contextualidad en la búsqueda de un enfoque más inclusivo y culturalmente receptivo a la individuación dentro del panorama más amplio de la psicología junguiana.

Legitimidad psicológica

El concepto de legitimidad psicológica en el marco de la individuación ha sido objeto de intensos debates entre académicos, profesionales e investigadores del campo de la psicología. Este discurso gira en torno a los constructos y principios fundamentales que sustentan la teoría de la individuación propuesta por Carl Jung. Uno de los debates centrales se refiere a la legitimidad de los arquetipos y el inconsciente colectivo, componentes integrales de la teoría de Jung. Los críticos argumentan que la existencia e influencia de símbolos y patrones universales, tal como postula la hipótesis del arquetipo, carece de evidencia empírica y fundamento científico. Por el contrario, sus defensores enfatizan las experiencias fenomenológicas y transpersonales relatadas por individuos de diferentes culturas, lo que sugiere un reservorio compartido de imágenes y motivos simbólicos. La naturaleza controvertida de los arquetipos plantea preguntas esenciales sobre la aplicabilidad y veracidad de estos constructos en el discurso psicológico contemporáneo. Además, el debate se extiende a la noción del inconsciente colectivo y su papel en la configuración de las experiencias y expresiones individuales. Los académicos abogan por explorar explicaciones alternativas basadas en la psicología cultural, social y cognitiva, al tiempo que reconocen la necesidad de un enfoque más matizado e integrado para comprender la psique. Otro punto central de controversia gira en torno al proceso de autorrealización y la plenitud psíquica, principios centrales de la individuación. Los críticos cuestionan los aspectos trascendentales del Yo y el camino transformador hacia la integración, argumentando que estos conceptos carecen de fundamento empírico y teórico sólido. En respuesta, los defensores destacan las narrativas subjetivas de individuos que han experimentado un profundo crecimiento personal e individuación, enfatizando sus experiencias vividas como evidencia contundente del potencial transformador inherente al proceso de individuación. Además, el debate sobre la legitimidad del Yo como principio organizador del desarrollo psicológico subraya la intersección de las psicologías existencialista, humanista y profunda. Insta a una reevaluación de los supuestos ontológicos y epistemológicos que subyacen a los paradigmas psicológicos contemporáneos, lo que impulsa un examen crítico de los discursos en evolución dentro del campo.

Refutaciones interdisciplinarias

Diversos críticos y escépticos han planteado inquietudes válidas respecto a la legitimidad psicológica de los constructos de Jung, y algunos cuestionan su coherencia con los hallazgos empíricos de la neurociencia. Sin embargo, se puede presentar una refutación interdisciplinaria convincente examinando las perspectivas que surgen de la neurociencia y que se entrelazan con aspectos centrales de la teoría de la individuación de Jung y la respaldan.

La investigación neurocientífica ha esclarecido el funcionamiento del cerebro, arrojando luz sobre los mecanismos relacionados con la formación de la identidad, la regulación emocional y la autointegración, conceptos fundamentales para la individuación junguiana. El floreciente campo de la neuroplasticidad, por ejemplo, ha revelado la notable capacidad del cerebro para el cambio adaptativo y la reorganización, ofreciendo fundamentos neurobiológicos para los procesos transformadores inherentes a la individuación. Además, la exploración de los correlatos neuronales de la activación de arquetipos y el procesamiento de símbolos ofrece interesantes paralelismos con la elucidación de Jung de la imaginería arquetípica y su significado psicológico.

La investigación de las redes neuronales asociadas con los procesos introspectivos y reflexivos coincide con el énfasis de Jung en la autoindagación, la introspección y la individuación como un viaje interior hacia la autoconciencia y la integración. Los estudios sobre la red neuronal por defecto, que sustenta la cognición autorreferencial y la memoria autobiográfica, convergen con la conceptualización de Jung del proceso de individuación como una narrativa en desarrollo de la evolución y la realización personal.

Más allá de la neuroimagen estructural y funcional, el campo de la psicofarmacología ofrece perspectivas adicionales sobre los fundamentos neuroquímicos de la transformación psicológica y la resiliencia, complementando el énfasis de Jung en confrontar la sombra y alcanzar la plenitud psicológica. La modulación de los sistemas de neurotransmisores implicados en la regulación del estado de ánimo, como la serotonina y la dopamina, plantea interesantes implicaciones para la comprensión de las dimensiones afectivas de la individuación y la gestión de los conflictos psíquicos.

En esencia, si bien se reconoce la necesidad de un diálogo y una síntesis continuos entre la psicología, la neurociencia y las disciplinas afines, la creciente convergencia de la evidencia neurocientífica con los principios fundamentales del marco teórico de Jung ofrece refutaciones interdisciplinarias convincentes a las críticas a la validez científica de sus teorías. Estos diálogos interdisciplinarios subrayan la interacción dinámica entre los conceptos psicológicos y sus sustratos neuronales, fomentando una perspectiva holística del desarrollo y la transformación humanos.

Críticas comparativas

En el campo de la psicología del desarrollo, numerosas teorías compiten por la supremacía junto al concepto de individuación de Jung. Un rival notable de la individuación de Jung son las etapas del desarrollo psicosocial de Erik Erikson, que enfatizan la centralidad de las influencias sociales y la continuidad del desarrollo a lo largo de la vida. En contraste con el enfoque de Jung en el viaje interno del individuo, Erikson describe distintas crisis psicosociales que configuran la identidad del individuo y sus interacciones con la sociedad.

Por otro lado, la teoría del desarrollo cognitivo de Jean Piaget presenta un contrapunto convincente con el marco de Jung. El énfasis de Piaget en el papel de la cognición en la configuración del crecimiento psicológico y las conductas adaptativas difiere de los modelos arquetípicos y del inconsciente colectivo de Jung. Mientras que la individuación junguiana subraya la integración de los contenidos inconscientes, las etapas de Piaget enfatizan la construcción progresiva de esquemas y estructuras mentales. Estas diferentes perspectivas justifican un análisis crítico para dilucidar los matices y la aplicabilidad de cada enfoque.

Además, la teoría del desarrollo moral de Lawrence Kohlberg ofrece una perspectiva contrastante para evaluar la individuación. Mientras que la teoría de Jung profundiza en la integración de símbolos arquetípicos y mitos personales, las etapas secuenciales del razonamiento moral de Kohlberg priorizan la toma de decisiones éticas y los principios universales. Comprender la interacción entre el desarrollo moral y la individuación invita a debatir la compleja interdependencia entre la moralidad y el crecimiento personal.

Además, es fundamental abordar la teoría sociocultural de Lev Vygotsky, que enfatiza la interacción entre la cultura y el desarrollo individual. El enfoque de Vygotsky en el papel de la mediación social y las herramientas culturales en la configuración de los procesos cognitivos desafía la perspectiva predominantemente interna inherente a la individuación junguiana. La yuxtaposición del marco de Vygotsky con el de Jung subraya la influencia indispensable de los factores socioculturales externos en el proceso de individuación, enriqueciendo así el discurso sobre el desarrollo humano.

Influencia de factores externos

Un aspecto importante que requiere un análisis minucioso es la influencia de los factores externos, en particular las influencias sociales y ambientales, en el proceso de individuación. Estos elementos externos desempeñan un papel fundamental en la formación de la psique de un individuo y en su camino hacia la plenitud y la autorrealización. Las normas sociales, los valores culturales y las circunstancias ambientales pueden influir significativamente en el proceso de individuación, presentando efectos tanto facilitadores como inhibidores.

Las normas sociales y culturales imbuyen a los individuos de expectativas, normas y valores colectivos que pueden coincidir o entrar en conflicto con sus predisposiciones innatas y trayectorias de crecimiento personal. El ethos de la sociedad, incluyendo sus actitudes hacia el conformismo, el colectivismo y el individualismo, puede ejercer una influencia considerable en la disposición de un individuo a explorar e integrar aspectos conflictivos de su yo. Además, los constructos culturales sobre los roles de género, las dinámicas de poder y las jerarquías sociales pueden moldear profundamente la comprensión que un individuo tiene de sí mismo y de su relación con el mundo. Estas huellas culturales a menudo se entrecruzan con el proceso de individuación, influyendo potencialmente en la interpretación e integración del imaginario arquetípico y el contenido inconsciente.

Factores ambientales como el nivel socioeconómico, la ubicación geográfica y el acceso a recursos también son importantes en el proceso de individuación. Las personas de comunidades marginadas pueden encontrar barreras y factores estresantes adicionales que impiden su búsqueda de autodescubrimiento y realización personal. Por el contrario, quienes se encuentran en posiciones más privilegiadas pueden tener mayores oportunidades de introspección, desarrollo personal y exploración terapéutica. Además, factores ambientales como la dinámica familiar, las redes de apoyo social y los legados históricos pueden tener un profundo impacto en el bienestar psicológico y generar distintos grados de receptividad al proceso de individuación.

Comprender la interacción entre las influencias sociales y ambientales y el proceso de individuación es crucial para comprender las complejidades inherentes a este proceso transformador. Al reconocer la naturaleza multifacética de las influencias externas, podemos desarrollar enfoques más matizados para apoyar y guiar el proceso de individuación. Incorporar la conciencia de las dinámicas sociales y ambientales en las prácticas terapéuticas y los esfuerzos de desarrollo personal fomenta un enfoque más inclusivo, holístico y empático de la individuación.

Malas interpretaciones y malas aplicaciones

Las interpretaciones y aplicaciones erróneas de la teoría de Jung suelen surgir de una comprensión insuficiente o de una simplificación excesiva de los complejos conceptos que subyacen a la individuación. Una interpretación errónea común gira en torno a la simplificación excesiva de los arquetipos, considerándolos meros estereotipos o modelos universales, descuidando su naturaleza dinámica y multifacética como representaciones simbólicas de patrones y potencialidades psicológicas profundamente arraigadas.

La aplicación errónea de los conceptos junguianos puede llevar a la adopción de perspectivas rígidas y deterministas que ignoran la naturaleza fluida y evolutiva de la individuación. Por ejemplo, el concepto de «sombra» puede emplearse erróneamente para justificar comportamientos o rasgos negativos sin reconocer la necesidad imperiosa de integración y reconciliación conscientes. Estas interpretaciones erróneas no solo distorsionan la esencia de la individuación, sino que también obstaculizan su potencial poder transformador.

Para abordar estas interpretaciones y aplicaciones erróneas, es crucial enfatizar la naturaleza matizada y contextual de las teorías de Jung. Esto implica promover una comprensión más profunda de los aspectos simbólicos y metafóricos de sus conceptos, evitando interpretaciones literales y reduccionistas. Además, fomentar un diálogo abierto y un discurso crítico dentro de las comunidades académicas puede servir como plataforma para abordar las interpretaciones y aplicaciones erróneas. Al invitar a diversas perspectivas y fomentar el análisis introspectivo, el campo puede avanzar más allá de la comprensión superficial hacia una comprensión más profunda de la individuación.

Los profesionales y académicos deben participar activamente en la autorreflexión y la autocrítica para identificar y corregir posibles casos de mala interpretación y aplicación en sus prácticas profesionales. Esto requiere una dedicación continua a perfeccionar la comprensión de la psicología junguiana y mantenerse receptivos a las nuevas interpretaciones y perspectivas. Además, la mentoría y los foros colaborativos pueden ofrecer orientación y corrección, permitiendo a las personas gestionar las complejidades de la individuación con mayor precisión e integridad.

METODOLOGÍAS EN LA INVESTIGACIÓN DE LA INDIVIDUACIÓN

Panorama histórico de los enfoques de investigación en individuación

Las primeras etapas de la investigación sobre la individuación giraron principalmente en torno a indagaciones cualitativas, impulsadas por el deseo de comprender la naturaleza simbólica y transformadora de las experiencias de individuación. Los investigadores buscaron captar los matices de los caminos individuales hacia la autorrealización mediante entrevistas en profundidad, narrativas enriquecedoras y análisis temáticos de relatos personales. Estas investigaciones cualitativas sentaron las bases para descubrir los motivos arquetípicos y los patrones mitológicos que sustentan el proceso de individuación.

A medida que el campo de la psicología continuó adoptando el rigor empírico, surgió una transición hacia metodologías de investigación cuantitativa en el estudio de la individuación. Los investigadores se esforzaron por cuantificar aspectos del proceso de individuación, empleando instrumentos como escalas psicométricas y evaluaciones estandarizadas para medir y analizar la transformación psicológica. Esta transición permitió la exploración sistemática de los marcadores de desarrollo, los cambios cognitivos y las dinámicas de personalidad asociadas con la individuación, lo que propició una comprensión más profunda de sus dimensiones psicológicas.

La naturaleza interdisciplinaria de la investigación sobre la individuación se hizo cada vez más evidente a medida que los académicos buscaban integrar perspectivas de campos como la antropología, la mitología y los estudios religiosos. Al profundizar en las manifestaciones culturales de la individuación y en el análisis comparativo de diversas narrativas, los investigadores dilucidaron la universalidad de los temas de individuación en diferentes contextos, ampliando el marco contextual para comprender este proceso fundamental.

La evolución de las metodologías de investigación en el estudio de la individuación muestra un esfuerzo continuo por perfeccionar y sintetizar diversos enfoques, culminando en estrategias de métodos mixtos que aprovechan sinérgicamente las fortalezas de los paradigmas cualitativos y cuantitativos. Este enfoque integrador permite a los investigadores triangular hallazgos, validar interpretaciones y profundizar la comprensión de las múltiples facetas de la individuación.

Métodos cualitativos

El uso de metodologías cualitativas nos permite captar las ricas experiencias contextualizadas de las personas que emprenden su singular camino hacia la autorrealización. Por otro lado, al examinar detenidamente las historias de vida, los sueños y las manifestaciones simbólicas de las personas, podemos dilucidar los motivos arquetípicos y las dinámicas inconscientes que operan en la psique.

El análisis narrativo enriquece aún más el enfoque cualitativo al identificar temas, símbolos y patrones recurrentes en las narrativas de individuos en proceso de individuación. Mediante el análisis sistemático de estas narrativas, podemos descubrir las relaciones evolutivas con figuras arquetípicas, las confrontaciones con aspectos oscuros y la navegación del inconsciente colectivo. La naturaleza interpretativa del análisis narrativo permite identificar momentos transformadores, conflictos cruciales y la evolución del Yo dentro de la historia del individuo.

Las metodologías cualitativas ofrecen una perspectiva holística, enfatizando las dimensiones subjetivas de la individuación que los enfoques cuantitativos pueden pasar por alto. Permiten una exploración matizada de las complejidades inherentes al proceso de individuación, reconociendo la interacción única entre las experiencias personales y las manifestaciones arquetípicas.

Enfoques cuantitativos

Las metodologías de investigación cuantitativa en el estudio de la individuación abarcan una amplia gama de estrategias destinadas a medir y analizar sistemáticamente los fenómenos observables relacionados con los conceptos junguianos.

Las encuestas son herramientas instrumentales que se utilizan para recopilar información estructurada de los participantes, reflejando sus perspectivas, actitudes y comportamientos en relación con los procesos de individuación. Al diseñar cuestionarios basados en los constructos teóricos junguianos, los investigadores pueden obtener información valiosa sobre las experiencias individuales de manifestaciones arquetípicas, imágenes simbólicas y procesos de transformación. Además, las encuestas pueden indagar en la manifestación de elementos inconscientes colectivos en la psique personal, arrojando luz sobre las implicaciones más amplias de la individuación en el contexto de las influencias culturales y sociales.

El uso de escalas constituye un medio eficaz para evaluar cuantitativamente los atributos y tendencias psicológicas asociadas con la individuación. Las escalas psicométricas, diseñadas para medir factores como la activación arquetípica, la integración del Yo y la implicación simbólica, proporcionan a los investigadores métricas estandarizadas para evaluar la intensidad y la frecuencia de los fenómenos relacionados con la individuación. Mediante la administración de estas escalas, los investigadores obtienen datos numéricos que permiten realizar análisis comparativos, identificar tendencias y evaluar correlaciones, contribuyendo así al establecimiento de fundamentos empíricos para la psicología junguiana.

Las interpretaciones estadísticas forman parte integral de los enfoques cuantitativos, permitiendo a los investigadores analizar e interpretar datos numéricos derivados de encuestas, escalas y otros instrumentos cuantitativos. La estadística descriptiva ofrece información sobre las tendencias centrales, distribuciones y variaciones presentes en los datos recopilados, facilitando la articulación de patrones y tendencias relevantes para la dinámica de la individuación. Además, la estadística inferencial permite a los investigadores extraer conclusiones más amplias y realizar inferencias sustanciales sobre las relaciones entre las diversas dimensiones de la individuación, dilucidando así los mecanismos subyacentes de la transformación psíquica y la trascendencia.

Estrategias de métodos mixtos

Los enfoques de métodos mixtos han cobrado relevancia en el campo de la psicología junguiana. Al combinar las fortalezas de los métodos cualitativos y cuantitativos, podemos superar las limitaciones inherentes a cada enfoque, lo que conduce a un análisis más holístico de los procesos de individuación.

Las indagaciones cualitativas proporcionan la profundidad y la riqueza necesarias para explorar las experiencias subjetivas y las narrativas matizadas de las personas en proceso de individuación. Mediante técnicas como entrevistas en profundidad, análisis temáticos e investigaciones fenomenológicas, podemos comprender mejor los patrones arquetípicos y los significados simbólicos que configuran el camino de una persona hacia la autorrealización. Estos hallazgos cualitativos sirven de base para comprender el mundo interior de la psique, captando las complejidades de la transformación personal.

Por otro lado, las metodologías cuantitativas ofrecen las ventajas de la generalización, el rigor y la validación estadística. Las encuestas, las escalas psicométricas y los diseños experimentales permiten a los investigadores cuantificar y medir diversas dimensiones de la individuación, lo que facilita comparaciones sistemáticas y validaciones empíricas en diversas poblaciones. Mediante el análisis de grandes conjuntos de datos y el empleo de la estadística inferencial, los estudios cuantitativos contribuyen a establecer evidencia empírica e identificar tendencias generales en el proceso de individuación.

La integración de datos cualitativos y cuantitativos mediante la investigación con métodos mixtos proporciona un enfoque complementario y sinérgico, que permite una comprensión más completa de la individuación. Al triangular los hallazgos de diferentes fuentes, podemos corroborar sus interpretaciones, mitigar sesgos y construir una narrativa más sólida del fenómeno de la individuación. Además, la convergencia de las narrativas cualitativas con las mediciones cuantitativas permite una representación multifacética de las complejidades inherentes al proceso de alcanzar la plenitud.

Las consideraciones clave al emplear estrategias de métodos mixtos incluyen la integración sistemática de datos cualitativos y cuantitativos, garantizar la coherencia metodológica y atender las posibles contradicciones o perspectivas divergentes que puedan surgir de los diferentes enfoques. Además, deben abordarse cuidadosamente las implicaciones éticas de la fusión de diversas metodologías, priorizando la confidencialidad de los participantes, el consentimiento informado y la conducta ética durante todo el proceso de investigación.

Investigación pionera sobre arquetipos y patrones mitológicos

En el contexto de la psicología junguiana, la investigación pionera sobre arquetipos y patrones mitológicos ha sido fundamental para moldear nuestra comprensión del inconsciente colectivo y sus manifestaciones simbólicas. Esta área de estudio profundiza en los símbolos y motivos universales que permean las experiencias humanas a lo largo de culturas y épocas. Académicos e investigadores se han esforzado por identificar y analizar estas imágenes y narrativas arquetípicas, recurriendo a diversas fuentes como el folclore, la religión, la literatura y el arte. Mediante una exploración meticulosa, estos investigadores buscan desenterrar el significado psicológico subyacente y la influencia generalizada de los arquetipos en la configuración de la psique individual y colectiva. En lugar de descartar la mitología y el simbolismo como meras reliquias del pasado, los académicos contemporáneos han reconocido su perdurable relevancia para dilucidar la naturaleza humana y la dinámica de la psique.

El desarrollo de este campo se remonta a los trabajos pioneros de los primeros psicólogos y mitólogos, quienes profundizaron en el rico entramado de imágenes simbólicas presentes en los mitos y narrativas culturales antiguos. Un aspecto integral de esta investigación consiste en la identificación y categorización de motivos arquetípicos recurrentes en diferentes culturas, que a menudo presentan sorprendentes similitudes a pesar de la diversidad de contextos históricos y geográficos. El enfoque comparativo adoptado por los académicos ilustra la profunda resonancia de los arquetipos, trascendiendo las fronteras temporales y espaciales para comunicar aspectos fundamentales de la experiencia humana.

Los avances modernos en campos como la neurociencia, la antropología y la ciencia cognitiva han aportado nuevas perspectivas sobre los procesos simbólicos que subyacen a las representaciones arquetípicas. Las colaboraciones interdisciplinarias han impulsado el estudio de los arquetipos más allá de los límites de la investigación psicológica tradicional, fomentando una comprensión más completa de la interacción entre los motivos mitológicos y la psique humana. Las técnicas de vanguardia en neuroimagen y análisis cognitivo ofrecen prometedoras vías para desentrañar los fundamentos neurobiológicos de la activación y la representación arquetípicas, arrojando luz sobre los mecanismos mediante los cuales estos símbolos universales se integran en el tejido cognitivo humano.

A medida que esta área de investigación continúa evolucionando, posee un inmenso potencial para enriquecer no solo los fundamentos teóricos de la psicología junguiana, sino también para fundamentar aplicaciones prácticas en terapia, educación y proyectos creativos. Al profundizar en las imágenes arquetípicas y los patrones mitológicos, los académicos y nosotros estamos preparados para descubrir nuevas perspectivas sobre la conciencia humana y el poder transformador del simbolismo en el crecimiento personal y colectivo.

Conexiones interdisciplinarias

Al integrar perspectivas de diversos ámbitos científicos, podemos dilucidar las complejidades de la individuación y sus implicaciones en diversos contextos. Un área destacada de colaboración interdisciplinaria reside en la intersección de la psicología con la antropología, donde la exploración de mitos y rituales culturales proporciona perspectivas invaluables sobre los motivos arquetípicos y su significado colectivo. Mediante el análisis comparativo de narrativas mitológicas transculturales, los psicólogos comprenden los fundamentos universales de la individuación y su relevancia en diferentes marcos sociales. Asimismo, las colaboraciones con la neurociencia ofrecen vías atractivas para investigar los correlatos neuronales de los procesos de individuación, profundizando en la interacción entre las experiencias psicológicas y las funciones cerebrales. Comprender cómo se entrelazan los mecanismos neurológicos con las transformaciones psicológicas enriquece nuestra comprensión de la individuación desde una perspectiva holística. Asimismo, vincular la psicología con la sociología abre nuevas perspectivas para comprender las implicaciones sociales de la individuación, arrojando luz sobre cómo la transformación individual influye en las estructuras sociales más amplias y viceversa. Estos enfoques multidisciplinarios no solo profundizan la investigación sobre la individuación, sino que también abren camino a metodologías innovadoras y avances teóricos. Más allá de los límites disciplinarios tradicionales, estos esfuerzos integradores fomentan una comprensión más rica y completa de la naturaleza multifacética de la individuación.

Consideraciones éticas en la realización de investigaciones sobre individuación

Dada la naturaleza profundamente personal y transformadora del proceso de individuación, los investigadores deben mantener los más altos estándares de conducta ética para proteger el bienestar y la privacidad de los participantes. Una consideración ética fundamental reside en el consentimiento informado, mediante el cual se proporciona a los participantes información completa sobre los objetivos de la investigación, los procedimientos, los riesgos potenciales y sus derechos a la confidencialidad y a retirarse del estudio en cualquier momento. En el contexto de la investigación sobre la individuación, las personas pueden estar profundizando en aspectos profundos de su psique, lo que hace imperativo que los investigadores prioricen el bienestar y la autonomía de los participantes. Además, garantizar la confidencialidad y el anonimato de los participantes es crucial para mantener su confianza y salvaguardar las divulgaciones personales sensibles. Los investigadores deben establecer protocolos seguros de gestión de datos para proteger la privacidad de los participantes y manejar responsablemente cualquier información identificable recopilada durante el estudio. Asimismo, es vital respetar la diversidad cultural y la sensibilidad al interactuar con poblaciones diversas en el proceso de investigación. Esto implica reconocer y adaptar las diversas perspectivas, creencias y prácticas culturales relacionadas con la individuación, así como ser consciente de las posibles diferencias de poder que pueden influir en la dinámica de la interacción de la investigación. Además, las consideraciones éticas se extienden a la difusión de los resultados de la investigación, donde los autores deben esforzarse por lograr la precisión, la transparencia y la representación responsable de los datos, evitando así el sensacionalismo o la distorsión de los resultados. Mantener la integridad del proceso de investigación también es fundamental, lo que exige que los investigadores reflexionen críticamente sobre sus propios sesgos y suposiciones, y revelen cualquier posible conflicto de intereses que pueda afectar la objetividad del estudio. Por último, las consideraciones éticas al realizar investigaciones sobre individuación exigen una vigilancia constante del posible impacto de la investigación tanto en los participantes individuales como en la comunidad en general. Esto requiere el compromiso de evaluar y mitigar cualquier posible angustia psicológica o emocional que pueda surgir como resultado de la participación en el estudio, así como de promover la aplicación responsable de los resultados de la investigación en entornos clínicos y no clínicos. Esforzarse por mantener los más altos estándares éticos en la búsqueda de comprender y dilucidar las complejidades de la individuación garantiza la integridad y la credibilidad de la investigación, al tiempo que honra el bienestar y la capacidad de acción de quienes participan en el proceso de investigación.

Desafíos en la investigación empírica de los conceptos junguianos

La investigación empírica de los conceptos junguianos plantea varios desafíos derivados de su naturaleza inherente y su manifestación en la esfera de la conciencia humana. Un desafío principal reside en la naturaleza elusiva y subjetiva de los arquetipos y del inconsciente colectivo. A diferencia de los fenómenos observables y cuantificables, como los atributos físicos o los comportamientos externos, los arquetipos existen como símbolos universales profundamente arraigados en la psique, lo que hace que su estudio empírico sea inherentemente complejo.

La esencia misma de la individuación, caracterizada por un viaje interior profundamente personal y transformador, presenta desafíos en cuanto a la estandarización y la medición. Dado que la individuación es única para cada individuo y se manifiesta a través de diversos procesos psicológicos, establecer parámetros de investigación estandarizados se vuelve inherentemente problemático.

Otro desafío importante reside en la interacción entre los elementos conscientes e inconscientes de la psique. El énfasis de Jung en la integración de los arquetipos de la sombra y el Ánima/Ánimus subraya la dinámica que implica el estudio empírico de estos fenómenos. Acceder e interpretar el material inconsciente presenta obstáculos metodológicos, ya que los enfoques de investigación tradicionales a menudo tienen dificultades para captar los matices de la psique inconsciente.

La naturaleza interdisciplinaria de los conceptos junguianos exige una comprensión interseccional que integre la psicología, la mitología, la filosofía y la espiritualidad. Esta complejidad exige que los investigadores empleen enfoques multidimensionales, lo que requiere una base de conocimientos integral en diversos ámbitos.

Además, el contexto histórico y las variaciones culturales en torno a los arquetipos plantean desafíos para la realización de estudios transculturales. Comprender cómo los arquetipos se manifiestan de forma diferente en diversos marcos culturales requiere sensibilidad a los matices y una profunda comprensión cultural, lo que plantea complejidades metodológicas adicionales.

La dependencia de datos introspectivos y autodeclarados también presenta desafíos, ya que las personas pueden tener dificultades para articular y verbalizar experiencias profundas y simbólicas relacionadas con la individuación. Esto limita la fiabilidad y la validez de los datos recopilados, dificultando la extracción de conclusiones empíricas definitivas.

Direcciones futuras e innovaciones en enfoques metodológicos

A medida que el campo de la psicología junguiana continúa evolucionando, es imperativo anticipar las futuras direcciones y las posibles innovaciones en los enfoques metodológicos para la investigación de la individuación. Un área prometedora de avance reside en la integración de tecnología avanzada, como la neuroimagen y las mediciones fisiológicas, para profundizar en el conocimiento de los correlatos neuronales de las experiencias arquetípicas y los procesos de individuación. Esta colaboración interdisciplinaria entre psicólogos, neurocientíficos y tecnólogos es muy prometedora para dilucidar los fundamentos biológicos de los conceptos junguianos.

La llegada del análisis de big data ofrece la oportunidad de explorar grandes conjuntos de datos para identificar patrones y asociaciones relacionados con la individuación. Al aprovechar la potencia computacional y algoritmos sofisticados, los investigadores pueden profundizar en fenómenos complejos, como sincronicidades y coincidencias significativas, para descubrir principios subyacentes que puedan contribuir a la comprensión de la individuación.

Otra trayectoria constructiva implica un renovado énfasis en los estudios transculturales y las diversas perspectivas globales en la investigación de la individuación. Al interactuar con los sistemas de conocimiento indígenas, las tradiciones espirituales y las enseñanzas de sabiduría de diversos contextos culturales, los académicos pueden enriquecer la comprensión de la individuación como un proceso universal, respetando al mismo tiempo sus manifestaciones culturalmente ligadas. Este enfoque no solo ofrece un marco ontológico más amplio, sino que también promueve la inclusión y la diversidad en el campo.

La incorporación de diseños de investigación longitudinales ofrece una vía convincente para rastrear la trayectoria dinámica de la individuación a lo largo de períodos prolongados. Los estudios longitudinales pueden captar los matices de la transformación individual, arrojando luz sobre los altibajos, así como sobre el impacto duradero del proceso de individuación a lo largo de la vida. Al integrar narrativas cualitativas con mediciones cuantitativas, los investigadores pueden obtener una visión completa de la naturaleza multifacética de la individuación.

Además, el floreciente campo de la psicología positiva ofrece un terreno fértil para explorar las aplicaciones de la individuación junguiana en el fomento del desarrollo y el funcionamiento óptimo de las personas. Al investigar los vínculos entre la individuación, la resiliencia y el bienestar, los investigadores pueden descubrir vías para promover el desarrollo psicológico y fomentar la realización del Yo auténtico. Este enfoque integrador se alinea con la orientación cada vez más holística de la psicología contemporánea.

Por último, adoptar una postura reflexiva y participativa en las metodologías de investigación, involucrando activamente a las personas en proceso de individuación, puede generar perspectivas profundas. Empoderar a los participantes para cocrear conocimiento y ofrecer perspectivas experienciales puede profundizar la autenticidad y la relevancia de los hallazgos de la investigación, acortando así la brecha entre la investigación académica y la realidad vivida.

APLICACIONES E IMPLICACIONES CONTEMPORÁNEAS

Individuación en la terapia moderna - Técnicas y prácticas

La integración de los principios de individuación en la terapia gira en torno a la idea de guiar a las personas a través de un camino transformador hacia la autorrealización y la plenitud psicológica. Los terapeutas suelen emplear diversos métodos para facilitar la individuación, como el análisis de los sueños, la imaginación activa y la exploración del simbolismo de los arquetipos en la psique del paciente. Estas técnicas buscan descubrir patrones inconscientes, conflictos y aspectos reprimidos del Yo, fomentando así una mayor autoconciencia y crecimiento personal. Además, los terapeutas adoptan una postura empática y sin prejuicios, ofreciendo un espacio seguro para que los pacientes profundicen en su psique y afronten problemas no resueltos. Cultivar una relación terapéutica de apoyo es fundamental para guiar a las personas a través del proceso de individuación, animándolas a gestionar las complejidades de su mundo interior con valentía e introspección. Asimismo, los terapeutas incorporan intervenciones basadas en la atención plena y enfoques holísticos para ayudar a las personas a establecer una conexión más profunda con su yo auténtico. Al enfatizar la importancia de integrar los aspectos conscientes e inconscientes de la psique, la terapia se convierte en un proceso transformador que permite a las personas alcanzar un sentido de significado y propósito personal. Además, las aplicaciones terapéuticas modernas de la individuación van más allá de las sesiones de terapia tradicionales, abarcando la terapia de grupo, las terapias de artes expresivas y la experiencia somática para abordar la naturaleza multidimensional del proceso de individuación. Estas diversas modalidades buscan involucrar a las personas a nivel físico, emocional, mental y espiritual, fomentando un enfoque integral de sanación y autodescubrimiento. En definitiva, la incorporación de la individuación en la terapia moderna refleja un profundo compromiso con facilitar el camino de las personas hacia la integración psicológica, la autorrealización y una alineación armoniosa con su potencial interior.

Crecimiento personal - El papel de la individuación en la autorrealización

La autorrealización, concepto introducido por el psicólogo humanista Abraham Maslow, representa la cumbre del desarrollo y la plenitud personal. En el contexto de la psicología junguiana, el proceso de individuación desempeña un papel fundamental para facilitar el camino individual hacia la autorrealización. En esencia, la individuación sirve como catalizador para que las personas se vuelvan más conscientes, auténticas y alineadas con sus valores y propósito interior. A través del proceso de individuación, las personas adquieren una comprensión más profunda de su propia estructura psicológica, reconociendo tanto sus fortalezas como sus vulnerabilidades. Esta mayor autoconciencia se convierte en la piedra angular para fomentar el crecimiento personal y liberar el potencial latente. Además, la integración de las energías arquetípicas y la exploración del inconsciente colectivo contribuyen a expandir la conciencia y ampliar la perspectiva de la vida. A medida que las personas gestionan las complejidades de su mundo interior, comienzan a reconocer y aceptar su verdadero yo, trascendiendo las expectativas sociales y las influencias externas. En consecuencia, este proceso infunde un sentido de autenticidad y congruencia genuinas en las personas, permitiéndoles llevar vidas más acordes con su naturaleza inherente. Además, la búsqueda de la autorrealización a través de la individuación implica una profunda búsqueda de significado y propósito. Al explorar las profundidades de su psique y afrontar dilemas existenciales, las personas se empoderan para descubrir su vocación única y contribuir significativamente al mundo. Este viaje transformador fomenta una profunda sensación de plenitud y permite a las personas vivir vidas ricas en significado y legado. Por lo tanto, es evidente que los principios de la individuación tienen profundas implicaciones para el crecimiento personal, allanando el camino para que las personas se embarquen en una odisea transformadora hacia la autorrealización. En esencia, la convergencia de la individuación y la autorrealización representa la apoteosis del desarrollo humano, señalando la realización del máximo potencial y el logro de una profunda armonía interior.

Marcos educativos - Integración de conceptos junguianos

En el ámbito educativo, la integración de los conceptos junguianos nos ofrece un enfoque profundo para comprender y fomentar el desarrollo holístico de las personas. Los marcos educativos que incorporan la psicología junguiana reconocen la importancia del viaje interior en el proceso de aprendizaje y crecimiento personal. Al profundizar en la psique y reconocer la existencia de arquetipos y el inconsciente colectivo, los educadores pueden crear un entorno que fomente el autodescubrimiento y la introspección. Este enfoque trasciende la pedagogía tradicional para abarcar la naturaleza multifacética de la experiencia humana.

Un aspecto clave de la integración de los conceptos junguianos en la educación consiste en reconocer las diversas maneras en que las personas perciben y procesan la información. Al reconocer la influencia de los patrones arquetípicos en la cognición y los estilos de aprendizaje, los educadores pueden adaptar sus métodos de enseñanza para adaptarse a las diversas disposiciones psicológicas. Este enfoque inclusivo promueve una experiencia educativa más enriquecedora y eficaz, permitiendo a los estudiantes interactuar con el material de una manera que se alinea con sus tendencias psicológicas innatas. De este modo, los educadores pueden empoderar a los estudiantes para que acepten su individualidad y su forma única de experimentar el mundo.

Los marcos educativos con raíces en la psicología junguiana enfatizan el cultivo de la autoconciencia y la inteligencia emocional como componentes integrales del desarrollo académico y personal. Mediante iniciativas como prácticas reflexivas, ejercicios de atención plena y la exploración del simbolismo en la literatura y el arte, se anima a los estudiantes a emprender sus propios caminos de individuación. Al conectar con las profundidades de su mundo interior, las personas pueden desarrollar una comprensión más profunda de sí mismas y de los demás, lo que les permite desarrollar mayor empatía, tolerancia y mentalidad abierta. Estas cualidades no solo enriquecen la experiencia educativa, sino que también las preparan para afrontar las complejidades del mundo contemporáneo con sabiduría y resiliencia.

La integración de los conceptos junguianos en la educación trasciende lo individual para abarcar el aspecto comunitario del aprendizaje. Al reconocer la presencia de dinámicas inconscientes colectivas dentro de grupos y comunidades, los marcos educativos pueden promover la colaboración, el diálogo y la apreciación de diversas perspectivas. Este enfoque fomenta un sentido de interconexión y humanidad compartida, propiciando un entorno donde prosperan el respeto mutuo, la cooperación y la comunicación constructiva. Al crear este entorno, los educadores contribuyen al surgimiento de individuos socialmente conscientes y empáticos, capaces de impactar positivamente en la sociedad en general.

A medida que las instituciones educativas continúan evolucionando, la integración de los conceptos junguianos ofrece la oportunidad de reimaginar el propósito y el potencial del aprendizaje. Al acoger la riqueza de la psique humana, los marcos educativos pueden convertirse en espacios transformadores que honran el proceso de individuación y empoderan a las personas para que alcancen su máximo potencial.

Desarrollo organizacional - Liderazgo a través de la individuación

En el marco de la psicología junguiana, el concepto de individuación ofrece perspectivas únicas para potenciar las capacidades de liderazgo y fomentar una cultura organizacional armoniosa que valore el desarrollo personal y la autoconciencia. Al integrar los conceptos junguianos en los programas de desarrollo de liderazgo, las organizaciones pueden formar líderes más conscientes de su potencial individual, hábiles para aprovechar sus fortalezas y empáticos al guiar a los equipos ante los desafíos y las oportunidades.

En el corazón de la mejora del liderazgo mediante la individuación reside la idea de aceptar la sombra: reconocer e integrar los aspectos más oscuros de la psique que a menudo se ignoran o reprimen. Los líderes que emprenden este viaje introspectivo adquieren una comprensión más profunda de sus propias complejidades, lo que les permite relacionarse de forma más auténtica con los miembros de su equipo y las partes interesadas. Esta autoconciencia se convierte en una fuerza orientadora en la toma de decisiones, permitiendo a los líderes discernir sus motivos, sesgos e influencias inconscientes, fomentando así un estilo de liderazgo más inclusivo y compasivo.

El proceso de individuación proporciona a los líderes las herramientas para reconocer y trascender los patrones inconscientes colectivos dentro del contexto organizacional. Al descifrar las dinámicas arquetípicas en juego y comprender cómo moldean el comportamiento grupal, los líderes pueden gestionar hábilmente los conflictos, inspirar unidad y fomentar una cultura de resiliencia y adaptabilidad. Gracias a esta mayor conciencia, los líderes pueden facilitar el diálogo constructivo, cocrear narrativas empoderadoras e inculcar un sentido de propósito alineado con los valores y la misión fundamentales de la organización.

La individuación también empodera a los líderes para aceptar la complejidad y la paradoja, atributos esenciales en el cambiante panorama empresarial actual. Al abordar sus propios conflictos internos e integrar los aspectos opuestos de su personalidad, los líderes se vuelven más hábiles para gestionar la ambigüedad y liderar con autenticidad en la incertidumbre. Esta capacidad para afrontar las paradojas se extiende a la toma de decisiones, donde los líderes pueden considerar diversas perspectivas y conciliar prioridades aparentemente contradictorias, fomentando un entorno que acoge la diversidad de pensamiento y fomenta la innovación.

Perspectivas transculturales sobre la individuación

Al considerar las perspectivas transculturales sobre la individuación, es fundamental reconocer que, si bien la psicología junguiana tiene sus raíces en el pensamiento occidental, sus principios resuenan con aspectos universales de la experiencia humana. Explorar cómo se manifiesta la individuación en diversos contextos culturales proporciona valiosas perspectivas sobre el inconsciente colectivo, el simbolismo arquetípico y el camino hacia la autorrealización.

Uno de los aspectos fundamentales de las perspectivas interculturales sobre la individuación implica reconocer la diversidad de símbolos, mitos y tradiciones que configuran las identidades individuales y colectivas. Cada cultura exhibe narrativas mitológicas y expresiones simbólicas únicas que influyen en los procesos de individuación dentro de sus respectivas comunidades. Desde las tradiciones tribales africanas hasta los sistemas filosóficos orientales, la exploración de los arquetipos y el inconsciente colectivo revela patrones interconectados que sustentan la búsqueda de la humanidad de plenitud e integración.

Examinar las implicaciones culturales de la individuación ofrece la oportunidad de abordar los desafíos de la globalización y la comunicación intercultural. En el mundo interconectado actual, las personas de distintos orígenes culturales se enfrentan a una multitud de influencias que impactan significativamente su proceso de individuación. Al adoptar perspectivas interculturales sobre la individuación, podemos fomentar una mayor comprensión, empatía y armonía en medio de la diversidad cultural, allanando el camino hacia una sociedad global más inclusiva e integrada.

El estudio de las perspectivas transculturales sobre la individuación arroja luz sobre el papel de las normas sociales, las creencias y los sistemas de valores en la formación de la identidad individual y el desarrollo psicológico. Comprender cómo las diferentes culturas abordan conceptos como la sombra, el Ánima/Ánimus y la persona proporciona una comprensión matizada de los comportamientos y actitudes humanos en entornos culturales específicos. Al reconocer los matices culturales de la individuación, los profesionales de la salud mental, los educadores y los responsables políticos pueden diseñar intervenciones e iniciativas que honren las diversas expresiones culturales de crecimiento y transformación personal.

Tecnología e individuación

A medida que la sociedad moderna continúa adoptando los avances tecnológicos, la intersección entre la tecnología y la individuación cobra cada vez mayor relevancia. La era digital presenta tanto desafíos como oportunidades para quienes buscan emprender el proceso de individuación. El uso generalizado de la tecnología puede obstaculizar el proceso de individuación al promover la distracción, la gratificación instantánea y las conexiones superficiales. Además, el bombardeo constante de información digital puede impedir la introspección y la autorreflexión, componentes cruciales del proceso de individuación. Por otro lado, la tecnología también brinda oportunidades sin precedentes para el autodescubrimiento y el crecimiento personal. Las plataformas digitales ofrecen acceso a una gran cantidad de conocimiento, perspectivas diversas y comunidades virtuales donde las personas pueden explorar y expresar su yo auténtico. Asimismo, herramientas digitales como las aplicaciones de meditación, los recursos de autoayuda y las sesiones de terapia virtual facilitan la integración de perspectivas y prácticas psicológicas en la vida cotidiana. El uso de tecnología portátil para el seguimiento del bienestar físico y mental también se alinea con el enfoque holístico de la individuación, enfatizando la importancia de la conexión mente-cuerpo. Además, la esfera digital se ha convertido en un espacio para la expresión creativa y la exploración artística, permitiendo a las personas integrar sus experiencias internas y material inconsciente en formas tangibles a través de medios como el arte digital, la realidad virtual y la narración multimedia. Sin embargo, es crucial recorrer el panorama digital con atención plena en la búsqueda de la individuación. Equilibrar el tiempo frente a la pantalla con periodos de soledad, inmersión en la naturaleza e interacciones cara a cara es esencial para mantener una conexión con los aspectos más profundos de la propia psique. Asimismo, la conciencia crítica del impacto de las redes sociales, el consumismo en línea y la influencia algorítmica en la identidad personal es fundamental para aprovechar el potencial positivo de la tecnología para la individuación. En general, la era digital presenta un contexto complejo y cambiante para la individuación, que requiere que las personas gestionen los desafíos y aprovechen las oportunidades que ofrece la tecnología en su búsqueda del autodescubrimiento y la plenitud.

Arte y expresión - Manifestaciones creativas del proceso de individuación

El arte sirve como un poderoso vehículo de autoexploración, brindando a las personas oportunidades únicas para exteriorizar experiencias, pensamientos y emociones internas. El proceso de involucrarse en actividades artísticas puede reflejar las etapas de individuación descritas por Jung, a medida que las personas confrontan su inconsciente e integran aspectos fragmentados del Yo. A través de diversas formas de expresión, como la pintura, la escultura, la música, la danza, la literatura y otras, las personas se embarcan en un viaje de autodescubrimiento y transformación, haciendo eco de los temas arquetípicos que impregnan el inconsciente colectivo. Los artistas a menudo se inspiran en símbolos y mitos universales, conectando con el público a nivel subconsciente y ejemplificando la interconexión de la experiencia humana.

La arteterapia, en particular, ha surgido como una modalidad terapéutica que aprovecha el proceso creativo para facilitar la individuación. Las personas participan en actividades artísticas guiadas, lo que les permite eludir la comunicación verbal tradicional y acceder a capas más profundas de la psique. Al explorar sus creaciones en un entorno de apoyo y reflexión, las personas profundizan en su mundo interior, fomentando así su crecimiento personal y su integración. La expresión artística se convierte en una puerta de entrada para que las personas expresen y materialicen su identidad en evolución, permitiéndoles reconciliar elementos conflictivos dentro de sí mismas y trascender sus limitaciones.

El acto de crear arte puede servir como una fuerza transformadora y sanadora, catalizando el proceso de individuación. Al externalizar las luchas y conflictos internos a través de medios artísticos, las personas pueden replantear sus narrativas, liberar cargas emocionales y revelar un potencial desconocido. El acto mismo de crear encarna el proceso alquímico de transmutar la agitación interna en expresiones de belleza, resiliencia y autenticidad. Es a través de este proceso trascendente que las personas llegan a reconocer y aceptar las complejidades de su psique, fomentando en última instancia la plenitud y la autorrealización.

Más allá de la transformación individual, el arte y la expresión también tienen el poder de generar cambios sociales y culturales. La creatividad actúa como catalizador de la introspección colectiva, inspirando el diálogo y desafiando las normas establecidas. A través del arte, las personas pueden comunicar experiencias compartidas, provocar la reflexión crítica y abogar por la justicia social. Por lo tanto, las manifestaciones creativas de la individuación se extienden más allá del desarrollo personal, moldeando la narrativa más amplia de la existencia humana y contribuyendo a la evolución de la conciencia.

Impactos sociales - Inconsciente colectivo y cambio social

Los impactos sociales de la individuación, en particular en lo que respecta al inconsciente colectivo y al cambio social, representan una fascinante intersección entre la psicología junguiana y las dinámicas culturales más amplias. En el centro de este debate se encuentra el concepto del inconsciente colectivo, un reservorio de experiencias humanas compartidas, símbolos y arquetipos que trasciende la conciencia individual e influye en el comportamiento y la evolución social. Comprender el papel del inconsciente colectivo en la configuración de las normas, valores y narrativas sociales es esencial para explorar el potencial de un cambio social positivo.

Al examinar el inconsciente colectivo a través de la lente de la individuación, descubrimos los patrones profundamente arraigados y las representaciones simbólicas que sustentan las estructuras e instituciones sociales. Al reconocer y conectar con estas fuerzas arquetípicas subyacentes, las personas y las comunidades pueden promover una mayor conciencia y transformación en la psique colectiva. Este proceso puede conducir a cambios en las actitudes, creencias y comportamientos sociales, contribuyendo en última instancia a un cambio social significativo y sostenible.

Un ejemplo significativo de la influencia del inconsciente colectivo en el cambio social se observa en los movimientos que buscan abordar las injusticias y desigualdades sistémicas. Estos movimientos suelen recurrir a motivos y símbolos arquetípicos que resuenan en un amplio segmento de la población, impulsando la acción colectiva y la solidaridad. Además, al incorporar elementos inconscientes a la conciencia, las personas y grupos que participan en estos movimientos pueden desafiar las dinámicas de poder establecidas y abogar por estructuras sociales más equitativas y justas.

La comprensión del inconsciente colectivo y su influencia en el cambio social tiene profundas implicaciones en ámbitos como la gobernanza, la formulación de políticas y la resolución de conflictos. Al reconocer los fundamentos arquetípicos de las narrativas y dinámicas sociales, los líderes y los responsables de la toma de decisiones pueden apreciar las corrientes psicológicas más profundas que operan en sus comunidades. Esta conciencia puede fundamentar enfoques de gobernanza más empáticos e inclusivos, fomentando entornos que prioricen la colaboración, la compasión y el progreso sostenible.

En esencia, la exploración de los impactos sociales del inconsciente colectivo y la individuación abre caminos para el diálogo y la acción social transformadores. Nos invita a considerar cómo una comprensión más profunda de nuestra herencia psicológica compartida puede impulsarnos hacia una sociedad más armoniosa, equitativa y empática. Al afrontar las complejidades de los desafíos contemporáneos, aprovechar el potencial de la individuación para catalizar un cambio social positivo puede ser un pilar fundamental para construir una comunidad global más integrada e ilustrada.

Tendencias e innovaciones emergentes

Al considerar la trayectoria de la psicología junguiana y el concepto de individuación, resulta pertinente profundizar en el panorama futuro y explorar las tendencias e innovaciones emergentes que están configurando este campo. A medida que la sociedad continúa experimentando rápidas transformaciones impulsadas por los avances tecnológicos, la globalización y un tejido sociocultural en constante evolución, las implicaciones para la teoría de la individuación y sus aplicaciones prácticas se vuelven cada vez más significativas.

Un área clave de interés en el futuro panorama de la individuación reside en la intersección de la psicología y la tecnología. Con la proliferación de plataformas digitales, inteligencia artificial y realidad virtual, existe una creciente oportunidad para explorar enfoques innovadores que faciliten los procesos de individuación. Desde el uso de experiencias digitales inmersivas para simular encuentros arquetípicos hasta el desarrollo de programas personalizados basados en IA que asisten a las personas en su camino hacia el autodescubrimiento, la fusión de la psicología y la tecnología tiene un inmenso potencial para redefinir cómo entendemos y fomentamos la individuación.

El panorama futuro también presenta una evolución continua de los impactos sociales y culturales en la individuación. A medida que se expande la interconexión global, aumenta la conciencia de la diversidad de sistemas de creencias, prácticas culturales y narrativas. Este intercambio intercultural proporciona un rico tapiz para las experiencias de individuación, permitiendo a las personas interactuar con un espectro más amplio de energías arquetípicas y motivos míticos. Sin embargo, este diálogo intercultural mejorado también requiere una comprensión más matizada de cómo se manifiesta la individuación en diversos contextos culturales y las implicaciones para fomentar enfoques inclusivos y culturalmente sensibles al desarrollo psicológico.

Otro aspecto crucial del panorama futuro se relaciona con la integración de los principios de individuación en marcos interdisciplinarios. A medida que se difuminan las fronteras entre las disciplinas tradicionales, se reconoce cada vez más la relevancia de la teoría de la individuación en campos como la educación, el desarrollo organizacional, la atención médica y las artes creativas. El surgimiento de colaboraciones transdisciplinarias ofrece oportunidades para sintetizar perspectivas de diferentes ámbitos y cultivar enfoques holísticos de la individuación que reconozcan la compleja interconexión de las experiencias humanas.

El panorama futuro exige una reevaluación de las consideraciones y responsabilidades éticas asociadas con la facilitación de los procesos de individuación. Con énfasis en garantizar el bienestar y la autonomía de las personas que participan en la autoexploración, las directrices y estándares éticos deben perfeccionarse continuamente de acuerdo con los panoramas sociales y tecnológicos contemporáneos. Esto requiere un diálogo continuo entre profesionales, académicos y especialistas en ética para defender la integridad de las prácticas de individuación, adaptándose a los dilemas éticos y las complejidades inherentes a la era moderna.

En conclusión, al observar el panorama futuro de la individuación, se hace evidente que este campo se encuentra al borde de posibilidades transformadoras. Al adoptar los avances tecnológicos, gestionar la diversidad cultural, fomentar la sinergia interdisciplinaria y mantener el rigor ético, las tendencias e innovaciones emergentes en individuación prometen dar forma a un paradigma que no solo resuene con el espíritu de la época, sino que también enriquezca la profundidad y amplitud del crecimiento psicológico humano.

LEGADO Y DIRECCIONES FUTURAS DE LA INDIVIDUACIÓN

Impactos de la individuación de Jung en la psicología moderna

El concepto de individuación de Jung ha dejado una huella imborrable en la psicología moderna, permeando diversos marcos teóricos y prácticas terapéuticas. Uno de los impactos más profundos se evidencia en el campo de la psicoterapia, donde la integración de los principios de individuación ha revolucionado los enfoques para comprender y tratar los trastornos de salud mental. Al reconocer la importancia de la transformación interior y el camino hacia la plenitud, los terapeutas ahora pueden emplear un enfoque más holístico y humanista para la sanación. Además, el énfasis en la integración de los aspectos ocultos del Yo, un principio central de la individuación, ha contribuido a una comprensión más profunda de la psicopatología y los conflictos inconscientes, mejorando así la eficacia de las intervenciones terapéuticas. Como resultado, han surgido modalidades terapéuticas contemporáneas como la terapia junguiana, la terapia existencial y la psicoterapia integrativa, con fundamentos profundamente arraigados en los principios de la individuación.

La influencia de la individuación de Jung trasciende las aplicaciones clínicas e impregna la investigación académica y las actividades de investigación en el campo de la psicología. La naturaleza multifacética de la individuación ha estimulado diversas áreas de investigación, que abarcan desde la exploración del simbolismo arquetípico, las narrativas míticas y las manifestaciones culturales del inconsciente colectivo, hasta el análisis de las dimensiones psicoespirituales del desarrollo humano. Este amplio alcance no solo ha ampliado los horizontes de la investigación psicológica, sino que también ha generado diálogos fructíferos entre disciplinas como la antropología, los estudios religiosos y la filosofía. Las colaboraciones interdisciplinarias que han surgido de esta sinergia han dado lugar a perspectivas innovadoras sobre la universalidad de la experiencia humana, la formación de la identidad y la evolución de la conciencia, enriqueciendo nuestra comprensión de la psique humana y su compleja dinámica.

Los avances en neurociencia cognitiva y neuropsicología han facilitado el análisis empírico de diversos aspectos de la individuación, ofreciendo correlatos neurobiológicos que corroboran y aclaran el marco conceptual de Jung. Mediante técnicas de neuroimagen y mediciones psicofisiológicas, los investigadores han comenzado a desvelar los sustratos neuronales y los procesos cognitivos que sustentan fenómenos como la imaginería arquetípica, la cognición simbólica y la integración del material inconsciente, arrojando luz sobre los mecanismos neuronales que subyacen a las experiencias transformadoras, fundamentales para el proceso de individuación.

Influencias y colaboraciones interdisciplinarias

La intersección de la psicología, la filosofía, la antropología y otros campos ha enriquecido el discurso sobre la individuación, dando lugar a profundas reflexiones y enfoques innovadores. Mediante colaboraciones interdisciplinarias, académicos y profesionales han podido ampliar los límites contextuales de la individuación, mejorando así su relevancia y aplicabilidad en diversos ámbitos. Esta síntesis de conocimientos ha permitido una comprensión más holística y matizada de la individuación, lo que refleja una profunda apreciación de la complejidad del desarrollo humano y la formación de la identidad.

Al estudiar las influencias interdisciplinarias en la individuación, se hace evidente que las contribuciones de diferentes campos han contribuido a una comprensión más integral y multifacética del concepto. Por ejemplo, la incorporación de perspectivas antropológicas ha arrojado luz sobre las variaciones culturales y la universalidad de los procesos de individuación, enfatizando el impacto de las normas y tradiciones sociales en el camino individual hacia la plenitud. Asimismo, las indagaciones filosóficas sobre la naturaleza de la individualidad y la conciencia han enriquecido los fundamentos teóricos de la individuación, fomentando reflexiones más profundas sobre las dimensiones ontológicas y epistemológicas del Yo. Estas diversas influencias no solo han ampliado el alcance de la individuación, sino que también han impulsado análisis críticos de sus implicaciones prácticas en diversos contextos profesionales.

Las colaboraciones interdisciplinarias han impulsado la evolución de las intervenciones terapéuticas y las metodologías de investigación relacionadas con la individuación. La integración de los hallazgos neurocientíficos, por ejemplo, ha facilitado una exploración más profunda de los correlatos neuronales de la individuación, ofreciendo respaldo empírico a los procesos psicológicos implicados. Esta intersección ha allanado el camino para los enfoques neuropsicoanalíticos que conectan los mecanismos biológicos con las conceptualizaciones psicodinámicas, presentando nuevas vías para comprender y abordar las diferencias individuales en la búsqueda de la autorrealización.

La colaboración con expertos en arte, literatura y terapias expresivas ha iluminado las dimensiones simbólicas y creativas de la individuación, destacando la importancia de la imaginería, la metáfora y la narrativa en el proceso de individuación. La incorporación de estas modalidades artísticas e imaginativas ha ampliado el repertorio de herramientas terapéuticas, ofreciendo a las personas alternativas para interactuar con su inconsciente e integrar experiencias transformadoras. Además, la llegada de las tecnologías digitales ha impulsado plataformas innovadoras para la autoexploración y el desarrollo personal, proporcionando recursos accesibles para que las personas se embarquen en sus búsquedas de individuación.

Avances tecnológicos y estudios de individuación

Con la proliferación de herramientas digitales, investigadores y profesionales ahora tienen acceso a métodos innovadores para recopilar, analizar e interpretar datos relacionados con los procesos de individuación. Un área de avance notable se encuentra en el campo de las técnicas de neuroimagen, como la resonancia magnética funcional y la electroencefalografía, que permiten obtener información sin precedentes sobre los correlatos neuronales de las experiencias de individuación. Estas tecnologías permiten a los investigadores rastrear patrones de actividad cerebral asociados con la aparición de símbolos arquetípicos, la integración de contenido inconsciente y las etapas de transformación personal. Además, el uso de entornos de realidad virtual ha revolucionado la forma en que las personas pueden sumergirse en escenarios simbólicos y explorar las profundidades de su propia psique. Al aprovechar la realidad virtual, los terapeutas pueden facilitar experiencias inmersivas que facilitan la exploración e integración de material inconsciente, mejorando así el proceso de individuación de sus pacientes. Asimismo, el panorama digital ha facilitado el desarrollo de sofisticados modelos computacionales y algoritmos que pueden analizar grandes conjuntos de datos para identificar patrones y tendencias en las narrativas y procesos de individuación. El procesamiento del lenguaje natural (PLN) y las técnicas de aprendizaje automático se están aplicando para analizar datos textuales de narrativas personales, sueños y sesiones terapéuticas, lo que arroja luz sobre las estructuras semánticas y los temas transformadores inherentes al proceso de individuación. Además, el floreciente campo de las plataformas de asesoramiento virtual y teleterapia ha ampliado el acceso a intervenciones orientadas a la individuación, superando barreras geográficas, temporales y logísticas. A través de interfaces digitales seguras, las personas pueden participar en encuentros terapéuticos que apoyan su búsqueda de plenitud personal y autorrealización. La confluencia de la tecnología y los estudios de individuación presenta una frontera emocionante para la integración de la investigación empírica, la exploración experiencial y las aplicaciones clínicas en la búsqueda de comprender y fomentar el proceso de individuación.

Futuras direcciones de investigación y estudios potenciales

A medida que el campo de la psicología junguiana continúa evolucionando, es imperativo identificar y priorizar futuras líneas de investigación y posibles estudios que puedan enriquecer nuestra comprensión de la individuación. Una vía prometedora de exploración es la intersección de la tecnología y la investigación psicológica, en particular aprovechando el análisis avanzado de datos y la inteligencia artificial para analizar patrones de individuación en diversas poblaciones. Al aprovechar el big data y las herramientas tecnológicas innovadoras, los investigadores pueden profundizar en los aspectos universales de la individuación, reconociendo al mismo tiempo sus matices culturalmente contingentes.

Además, estudios futuros podrían profundizar en la aplicabilidad transcultural del concepto de individuación de Jung. Explorar cómo los diferentes marcos culturales pueden influir en las manifestaciones e interpretaciones de los procesos de individuación puede aportar valiosas contribuciones al discurso global sobre el desarrollo humano. Esto requiere abordar los sistemas de conocimiento indígenas, las diversas prácticas espirituales y los contextos sociohistóricos para desvelar las dimensiones universales y culturalmente específicas de la individuación.

Investigaciones futuras también podrían indagar en las implicaciones de la individuación en comunidades marginadas o subrepresentadas, arrojando luz sobre cómo individuos de diversos orígenes socioculturales emprenden el camino hacia la autorrealización. Dichos estudios ofrecerían perspectivas cruciales sobre la interseccionalidad de la identidad y la individuación, amplificando voces que históricamente se han ignorado en la literatura psicológica convencional.

Existe un amplio margen para los estudios longitudinales que analizan los efectos a largo plazo de la individuación en el bienestar individual, la resiliencia y las contribuciones sociales. Estas investigaciones pueden dilucidar el impacto duradero de la individuación en las diferentes etapas de la vida y su correlación con los resultados en salud mental, las relaciones interpersonales y la satisfacción laboral. La investigación longitudinal tiene el potencial de validar el poder transformador de la individuación y orientar intervenciones que promuevan el crecimiento y el desarrollo integral.

Finalmente, la exploración de enfoques integrativos que sintetizan los conceptos de individuación de Jung con los avances en psicoterapia, prácticas de mindfulness y hallazgos neurocientíficos presenta un área atractiva para futuras investigaciones. Al conectar perspectivas interdisciplinarias, los investigadores pueden descubrir vías sinérgicas para facilitar la individuación y enriquecer las modalidades terapéuticas, fomentando así una comprensión más integral de la conciencia y el potencial humanos.

Perspectivas globales

Al examinar culturas orientales como China e India, encontramos profundas tradiciones filosóficas que se alinean estrechamente con los ideales fundamentales de la individuación. Conceptos como la armonía taoísta o la noción hindú de autorrealización guardan sorprendentes similitudes con la exploración junguiana de la integración y el autodescubrimiento. Al profundizar, descubrimos cómo estas culturas cultivan el proceso de individuación mediante prácticas espirituales, la meditación y la búsqueda del equilibrio interior y la iluminación.

Al centrarnos en las tradiciones indígenas, nos encontramos con un rico entramado de rituales y ritos de paso que reflejan el viaje transformador, fundamental para la individuación. Desde las búsquedas de visión de las tribus nativas americanas hasta las ceremonias de iniciación de las tribus africanas, estas tradiciones subrayan la importancia universal de la autoconciencia y el crecimiento personal en paisajes culturales dispares.

En el mundo occidental, el impacto de la individuación es perceptible en la literatura, el arte y la cultura popular. Desde las filosofías existencialistas europeas hasta el profundo simbolismo de las pinturas renacentistas, la búsqueda de la individuación impregna la esencia de la civilización occidental. Además, movimientos contemporáneos como el multiculturalismo y la globalización han facilitado el intercambio de ideas y prácticas, fomentando un enfoque más inclusivo de la individuación que abarca diversas narrativas culturales.

Es fundamental reconocer los desafíos que plantean las interpretaciones culturales de la individuación. Si bien ciertos paradigmas culturales pueden armonizar armoniosamente con los conceptos de Jung, otros pueden presentar perspectivas contradictorias o caminos divergentes hacia la autorrealización. Gestionar estas complejidades culturales requiere una comprensión matizada de las influencias contextuales que configuran la psique individual y colectiva, así como una apreciación de la interacción dinámica entre las normas culturales y el desarrollo psicológico.

Desafíos y limitaciones en los contextos contemporáneos

A medida que el concepto junguiano de individuación continúa permeando la psicología contemporánea, se enfrenta a una multitud de desafíos y limitaciones inherentes al diverso panorama sociocultural del mundo moderno. Uno de los principales desafíos reside en conciliar la universalidad de los arquetipos junguianos y el inconsciente colectivo con los significados y símbolos culturales singulares presentes en las diferentes sociedades. Si bien los principios fundamentales de la individuación pueden resonar en distintas culturas, las variaciones en el lenguaje simbólico y las normas culturales exigen un enfoque matizado para su aplicación.

La rápida evolución de la tecnología presenta tanto oportunidades como desafíos para el estudio y la práctica de la individuación. La era digital ha alterado la naturaleza de la interacción humana, impactando potencialmente el inconsciente colectivo y la forma en que los arquetipos se manifiestan en los individuos contemporáneos. Por lo tanto, comprender y adaptar los conceptos de Jung en el contexto de la comunicación digital, la realidad virtual y las redes sociales plantea importantes desafíos para académicos y profesionales.

La intersección de la individuación con las teorías psicológicas emergentes presenta complejidades que exigen un análisis crítico. Integrar el marco de Jung con teorías contemporáneas como la psicología positiva, la neurobiología y la ciencia cognitiva requiere una cuidadosa consideración de las sinergias y tensiones entre estos paradigmas. Además, las consideraciones éticas sobre la aplicación de la individuación en entornos terapéuticos y la posible mercantilización del proceso de individuación en la cultura de consumo subrayan la necesidad de estar alerta ante el creciente interés en los principios junguianos.

Otro campo de controversia notable se refiere a la tensión entre la agencia individual y las influencias sociales en la búsqueda de la individuación. En una sociedad global cada vez más interconectada, los individuos se mueven a través de complejas redes de dinámicas sociopolíticas y expectativas culturales, lo que plantea interrogantes fundamentales sobre la naturaleza de la individuación en el contexto más amplio de los sistemas sociales. Además, las disparidades en el acceso a los recursos y la educación crean importantes barreras para la individuación, lo que plantea profundos dilemas éticos en cuanto a la igualdad de oportunidades para el crecimiento personal y la autorrealización.

Integración con teorías psicológicas emergentes

A medida que el campo de la psicología continúa evolucionando, la integración del concepto de individuación de Jung con las teorías psicológicas emergentes se ha convertido en un tema de creciente interés e importancia. Un área de enfoque es la fusión de la teoría arquetípica de Jung con la psicología cognitiva contemporánea. Los académicos están profundizando en la exploración de cómo los símbolos y arquetipos universales, según los propuestos por Jung, pueden correlacionarse con procesos cognitivos como la percepción, la memoria y la resolución de problemas. Al examinar la influencia de los arquetipos en el procesamiento de la información, los investigadores buscan esclarecer el profundo impacto de estas representaciones simbólicas en la psique y el comportamiento humanos.

La fusión de los conceptos junguianos con la psicología positiva ha suscitado gran interés. La psicología positiva enfatiza las fortalezas, las virtudes y el funcionamiento óptimo, en estrecha sintonía con el énfasis de Jung en la autorrealización y la plenitud. Al sinergizar estas dos perspectivas, los psicólogos exploran cómo la búsqueda de la individuación contribuye a la satisfacción vital, el sentido y el desarrollo personal. Esta integración ofrece prometedoras vías para promover el bienestar mental y el crecimiento personal tanto en individuos como en comunidades.

Además, el floreciente campo de la neurociencia ha impulsado investigaciones interdisciplinarias sobre los fundamentos neurológicos de la individuación. Psicólogos, en colaboración con neurocientíficos, investigan los correlatos neuronales de las experiencias de individuación, incluyendo la interacción de neurotransmisores, regiones cerebrales y patrones de conectividad. Este enfoque interdisciplinario tiene el potencial de esclarecer los fundamentos biológicos del autodescubrimiento y la formación de la identidad, proporcionando una comprensión integral de la individuación desde perspectivas tanto psicológicas como neurocientíficas.

La integración de la psicología junguiana con la psicoterapia existencial ha abierto nuevos horizontes para las aplicaciones terapéuticas. Al incorporar temas existenciales como el significado, la autenticidad y la ansiedad ante la mortalidad en el marco de la individuación, los profesionales están desarrollando intervenciones innovadoras que abordan las preocupaciones existenciales fundamentales de las personas en el contexto de sus procesos de individuación. Esta integración subraya la relevancia de las ideas de Jung en el ámbito de las prácticas psicoterapéuticas contemporáneas, ofreciendo profundas perspectivas sobre la experiencia humana y el bienestar psicológico.

El papel de la individuación en el desarrollo personal

Uno de los aspectos clave de la individuación es el reconocimiento y la aceptación de la sombra: los aspectos reprimidos o rechazados del Yo. Al reconocer e integrar estos elementos de la sombra, las personas pueden superar los conflictos internos y alcanzar una mayor plenitud. Además, la individuación implica el descubrimiento y el cultivo de la personalidad: la máscara social que las personas presentan al mundo. Al comprender los roles y las expectativas que impone la sociedad, las personas pueden aspirar a la autenticidad y la autoexpresión genuina.

El proceso de individuación anima a las personas a conectar con su Ánima (el aspecto femenino en los hombres) o su Ánimus (el aspecto masculino en las mujeres), fomentando una integración armoniosa de los rasgos de género. Mediante esta integración, las personas buscan un equilibrio entre cualidades opuestas, lo que conduce a una psique más holística y equilibrada. Además, la individuación empodera a las personas para abrazar el encuentro con el Ser, que representa el centro arquetípico de la personalidad y el objetivo final del proceso de individuación.

En el desarrollo personal, la individuación actúa como catalizador de experiencias transformadoras y maduración psicológica. Permite a las personas liberarse del condicionamiento social y cultivar un fuerte sentido de autonomía y propósito. Al participar en un proceso de autoexploración y diálogo interno, las personas pueden afrontar desafíos existenciales, afrontar dilemas existenciales y emerger con un renovado sentido y dirección en la vida.

En definitiva, el papel de la individuación en el desarrollo personal va más allá de la mera superación personal; abarca un profundo viaje hacia la autorrealización y la realización del potencial innato.

50 CITAS DE JUNG SOBRE LA TEORÍA DE LA INDIVIDUACIÓN

Sobre el núcleo de la individuación

"La individuación significa llegar a ser un 'individuo', y, en la medida en que la 'individualidad' abarca nuestra singularidad más íntima, última e incomparable, implica también llegar a ser uno mismo".

"La individuación es el proceso mediante el cual una persona se convierte en un 'individuo' psicológico, es decir, una unidad o todo separado e indivisible".

"El privilegio de toda una vida es llegar a ser quien realmente eres".

"Lo que eres es lo que siempre has sido. Lo que serás es lo que haces ahora".

"El objetivo del proceso de individuación es la síntesis del Yo".

"La individuación es un proceso de diferenciación, que tiene como objetivo el desarrollo de la personalidad individual".

Sobre la Sombra

"Uno no se ilumina imaginando figuras de luz, sino haciendo consciente la oscuridad".

"Enfrentar a una persona con su sombra es mostrarle su propia luz".

"La sombra es un problema moral que desafía a todo el ego-personalidad".

"Conocer tu propia oscuridad es el mejor método para lidiar con la oscuridad de otras personas".

"La sombra es esa personalidad oculta, reprimida, en gran parte inferior y cargada de culpa, cuyas ramificaciones últimas se remontan a la esfera de nuestros ancestros animales".

Sobre la Persona

"La persona es aquello que en realidad uno no es, pero que uno mismo y los demás creen que es".

"La personalidad es una especie de máscara, diseñada por un lado para causar una impresión definida en los demás y, por otro, para ocultar la verdadera naturaleza del individuo".

"Cada vocación o profesión tiene su propia personalidad característica".

"No es real cuando asumimos una pose y una máscara de personalidad; es un compromiso entre el individuo y la sociedad".

Sobre el Ánima y el Ánimus

"El Ánima es la personificación de todas las tendencias psicológicas femeninas dentro del hombre, el simbolismo femenino arquetípico dentro de su inconsciente".

"El Ánimus es, por así decirlo, el depósito de todas las experiencias ancestrales de la mujer con el hombre; y no sólo eso, también saca a la luz las cualidades creativas de la mujer".

"Tanto el Ánima como el Ánimus son mediadores entre lo consciente y lo inconsciente".

"El encuentro con la sombra es la 'obra de aprendizaje' en el desarrollo del individuo... con el Ánima, es la 'obra maestra'".

"La integración del Ánima y el Ánimus requiere confrontación, no represión".

Sobre el Ser y la Totalidad

"El Yo no es sólo el centro, sino también toda la circunferencia que abarca tanto lo consciente como lo inconsciente; es el centro de esta totalidad, así como el ego es el centro de la conciencia".

"El Yo es la meta de nuestra vida, porque es la expresión más completa de esa combinación fatídica que llamamos individualidad".

"La plenitud no se alcanza cortando una porción del propio ser, sino mediante la integración de los contrarios".

"Sólo la paradoja se acerca a comprender la plenitud de la vida".

"El Yo es una cantidad superior al ego consciente. Abarca no solo la psique consciente, sino también la inconsciente".

Sobre el inconsciente

"El inconsciente no sólo es malo por naturaleza, sino que también es la fuente del bien supremo".

"Hasta que no hagas consciente lo inconsciente, éste dirigirá tu vida y lo llamarás destino".

"El inconsciente es la matriz a partir de la cual crece la conciencia".

"No hay vuelta a la conciencia sin dolor".

"Quien mira hacia afuera, sueña; quien mira hacia adentro, despierta".

Sobre el camino de la individuación

"El camino no es recto sino en espiral".

"No hay una evolución lineal; sólo hay una circunvalación del Yo".

"En cada uno de nosotros hay otro a quien no conocemos".

"Tus visiones se aclararán sólo cuando puedas mirar dentro de tu propio corazón".

"La soledad no viene de no tener gente a tu alrededor, sino de ser incapaz de comunicar las cosas que te parecen importantes".

"Todo lo que nos irrita de los demás puede llevarnos a comprendernos a nosotros mismos".

Sobre la transformación y el crecimiento

"Lo más aterrador es aceptarse a uno mismo completamente".

"No podemos cambiar nada a menos que lo aceptemos".

"No soy lo que me pasó, soy lo que elijo convertirme".

"En todo caos hay un cosmos, en todo desorden un orden secreto".

"Los problemas más grandes e importantes de la vida son fundamentalmente insolubles. Nunca se pueden resolver, solo superar".

Sobre arquetipos y símbolos

"Los arquetipos son el sistema vivo de reacciones y aptitudes que determinan la vida del individuo de manera invisible".

"Los símbolos del Yo surgen en lo más profundo del cuerpo".

"El sueño es una pequeña puerta escondida en lo más íntimo y secreto del alma".

"El inconsciente colectivo contiene todo el patrimonio espiritual de la evolución de la humanidad nacido de nuevo en la estructura cerebral de cada individuo".

Sobre la dimensión espiritual de la individuación

"La experiencia del Yo es siempre una derrota para el ego".

"La tarea del hombre es tomar conciencia de los contenidos que surgen del inconsciente".

"El proceso de individuación trae a la conciencia todos los aspectos de la psique humana, y este proceso es la verdadera fuente de la experiencia religiosa".

"Una vida completa, una vida verdaderamente vivida, es aquella que se ha enfrentado a sus propias profundidades".

"Quien mira hacia dentro despierta lo divino".

www.ingramcontent.com/pod-product-compliance
Lightning Source LLC
LaVergne TN
LVHW010931051026
849532LV00003B/945

* 9 7 9 8 2 3 3 2 8 7 3 1 2 *